이 책을 함께 만든 독자에디터들의 평가

독자에디터는 본 책의 초안을 검토하고, 편집 아이디어를 제공하고, 오탈자를 확인하는 등
독자의 눈높이에 맞는 책을 만들 수 있도록 많은 도움을 주셨습니다.
바쁜 시간을 쪼개어 참여해주신 독자에디터 7기 여러분께 깊은 감사를 전합니다.

역시! 교통망과 개발호재 분석의 1인자답습니다. 일반인들이 접근하기 힘든 관련 내용들도
다양하게 선별하여 책에 꼭꼭 눌러 담았네요. 이제 책에서 언급한 호재 지역으로 얼른 발품을
팔러 떠나겠습니다.
– 경자 님

지하철 외의 교통망에는 거의 무지한 30대 여자에게는 다소 놀라울 만큼 다양한 교통호재가
실려 있습니다. 기존에 알고 있던 교통호재 외에 캠퍼스 혁신파크, 복합환승센터, BRT 등
전혀 생각하지 못했던 이야기들을 알게 되어 좋았습니다.
– 굿오쩡이 님

이 책을 보고 아빠 님과 전국 구석구석 함께 임장을 가는 듯한 느낌을 받았습니다.
부동산 투자를 하려면 개발계획과 교통호재를 아는 것이 필수인데, 어떤 곳의 호재를
알고 싶을 때 바로 펼쳐보면 투자 바이블 같은 책입니다.
– 그레이스박 님

저자의 첫 책 『교통망도 모르면서 부동산 투자를 한다고?』는 '돈이 흐르는 길을 먼저 공부해서
투자하고 싶다'는 생각에 잘 맞는 친절한 책이었는데, 이번 책도 좋은 투자 지침서가
될 것 같습니다. 특히 아직 30년째 현실화되지 않은 호재 이야기나 생각보다 오랜 기간이
걸린다는 내용 등의 보수적 접근이 오히려 경각심을 갖는 계기가 되어 좋았습니다.
– 날고픈오리 님

부동산 투자에 있어 호재는 상승장에서 그 힘을 더욱 발휘하는 촉매제의 역할을 합니다. 하지만 모든 호재가 제 역할을 다 하는 것은 아닙니다. 이 책에는 지역별로 돈이 되는 개발호재를 잘 정리해 놓았습니다. 실패 없는 투자를 원한다면 이 책을 백과사전처럼 활용하여 자신에게 맞는 알짜 투자지역을 선별해 보시기를 추천합니다.

– 달동네아이 님

이 책은 좋은 부동산을 판단하는 데 있어 아주 중요한 기준인 '될 만한 개발호재'를 알려준다. 읽다보면 어느새 호재 실현 이후의 미래를 상상하게 되고, 지역을 객관적으로 분석하는 안목이 길러진다.

– 땅꼬 님

부동산 투자에서 핵심 중의 핵심은 입지분석! 현재의 입지분석도 필요하지만, 미래 입지도 중요하다. 이 책은 교통망을 중심으로 미래의 입지를 예상해 보고, 투자의 인사이트를 키워주는 책이다.

– 바다처럼 님

글만 있으면 읽기가 힘들었을 텐데, 그림이 많아서 보기 수월했다. 다양한 지도와 정보들이 정리되어 있어서 도움이 되었고, 이해하기 쉬웠다. 부동산 초보에게 좋은 책인 것 같다.

– 백도서관 님

호재도 다 같은 호재가 아니다. 될 호재와 안 될 호재를 구분하고, 특히 돈이 될 호재를 간파하는 것의 중요성은 아무리 강조해도 지나치지 않다. 이 책은 크게 두 가지 테마를 통해 돈이 될 만한 호재를 지역별로 조목조목 짚어준다. 성공 투자를 위해서 꼭 읽어봐야 할, 곱씹어봐야 할 책! 강력히 추천한다.

– 썸머 님

복잡한 개발계획 내용인데 키워드를 통해 살펴주어서 큰 도움이 되었습니다.

– 욕망도서관장 님

2년 전 저자의 첫 번째 책을 읽고 바로 투자를 실행했더라면 얼마나 좋았을까, 뒤늦게 후회를 했더랬다. 감사하게도 이번에는 독자에디터로서 IGO빡시다 님의 수년 내공이 담긴 원고를 미리 읽을 수 있어서 참 신이 났다. 이제 실행이다!
– 원더깨비 님

교통망이라면 IGO빡시다 님! 첫 책에 이어 이번 책 '개발호재'의 내용도 독보적이다. 국토종합계획뿐 아니라 '돈되는 호재'를 정리한 디테일에서는 최고의 책이다.
– 연두 님

우리나라 교통망과 개발호재의 전체적인 내용을 알 수 있어서 좋았습니다. 빠르게 변화하는 개발호재들이 많습니다. 이 책을 통해 투자 기회와 정보를 놓치지 않으면 합니다.
– 작은물방울

부동산에서 입지가 중요하다는 건 상식이지만, 구체적으로 어떻게 분석해야 할지 방향을 제시해준 책은 아빠 님의 책 이전엔 없었는데요. 투자 방향을 잡으려는 분들에게 친절한 내비게이션이 되어주었습니다. 그리고 더욱 업그레이드 된 내비게이션! 아빠 님의 두 번째 책 추천합니다.
– 책주부클로이 님

부동산 투자 공부를 하면서 기본이 중요하다는 것을 알게 되었고 그 기본은 바로 국토종합계획이라는 것을 알게 되었습니다. IGO빡시다 님의 두번째 책 『돈되는 개발호재 핵심정리』를 통해 국토종합계획과 부동산 투자의 큰 그림, 그리고 진짜 돈이 되는 호재에 대해서 배울 수 있었습니다.
– 희망 님

국토부가 공고한 제5차 국토종합계획서를 보니 263페이지나 되던데, 그중에서 포인트만 잘 정리된 느낌을 받아서 시험 보기 전 핵심노트를 보는 듯한 느낌이었습니다. 이 책 한 권만으로도 국토종합계획에 대해서 다 배운 듯한 느낌입니다.
– Caffe Genie 님

※ 그밖에 참여해 주셨으나 사정상 후기를 싣지 못한 여러분께도 감사의 말씀을 전합니다.

IGO빡시다의
돈되는 개발호재
핵심정리

IGO빡시다의
돈되는 개발호재 핵심정리

초판 1쇄 발행　2020년 5월 2일
초판 11쇄 발행　2021년 9월 8일

지은이　　황성환 (IGO빡시다)

펴낸 곳　　잇 콘
발행인　　록 산
디자인　　김은정
마케팅　　프랭크, 릴리제이, 감성홍피디, 핫콜드
경영지원　유정은
등　록　　2019년 2월 7일 제25100-2019-000022호
주　소　　경기도 용인시 기흥구 동백중앙로 191
팩　스　　02-6919-1886

ⓒ 황성환, 2018

ISBN　979-11-960731-3-8　13320
값　　18,000원

·················· **잇콘의 풍부한 콘텐츠를 다양한 채널에서 만나보세요** ··················

IGO빡시다의

돈되는

개발호재
핵심정리

IGO빡시다 지음

잇콘

고수들이 추천하는 그 지역,
정말 괜찮을까?

아이들과 보내는 시간이 많아진 요즘 함께 놀아줄 거리를 찾는 게 하나의 과제가 됐다. 생각보다 쉽지 않은 일이다. 특히 올해 일곱 살이 된 첫째는 조금 더 생각할 수 있는 도구에 관심을 보여서 요즘은 함께 레고 조립을 하고 있다.

레고는 설명서를 차분히 보면서 하나씩 조립해서 완성할 때까지 긴 시간이 소요된다. 아직 어린 첫째는 완성된 모습만 상상하며 제멋대로 조립을 시작해서 종종 실수를 한다. 초반에 실수를 발견하면 다행이지만, 한참을 조립하다가 잘못된 걸 알면 되돌리기엔 너무 늦었다는 걸 알고 무척 난감해 한다.

그 모습이 꼭 처음 부동산 투자에 입문했을 때 나의 모습을 보는 듯했다. 대박을 터뜨린 미래의 내 모습만 상상하며 누군가 "여기 괜찮을 거다"라고 하면 무조건 관심을 가지고 따라다녔다. 열심히 했다고 생각했는데, 받아든 투자 성적표는 내 생각과 큰 차이가 있었다.

"이 지역에는 이런 호재가 있기 때문에 앞으로 엄청난 수익이 날 거예요."

투자자라면 한 번쯤 이런 말에 혹해본 경험이 있을 것이다. 그런 사람들이 나와 같은 실수를 하지 않았으면 하는 생각으로 전작『교통망도 모르면서 부동산 투자를 한다고?』를 집필했고, 어안이 벙벙할 정도로 생각보다 많은 사랑을 받았다. 그런데 많은 분들이 이런 질문을 주셨다.

"교통호재를 이렇게 분석해야 한다는 건 알겠는데, 그럼 어떤 지역에 투자해야 하는 건가요?"

그래서 이번 책에는 전작에서 설명한 교통호재 분석 요령에 더해서 개발계획 분석 요령을 추가했다. 어떤 지역을 보다 입체적이고 구체적으로 분석할 수 있도록 말이다.

객관적인 정보를 크로스체크하라

많은 분들이 '될 만한 호재'는 어떻게 찾아내느냐고 묻는데 그럴 때마다 나의 답은 일관적이다.

"상위계획과 하위계획 보도자료, 관보, 고시, 입찰공고, 수많은 용역보고서, 회

의록 등을 보시면 교집합처럼 등장하는 사업이 있습니다. 그런 사업은 되지 말라고 해도 반드시 됩니다."

그리고 이를 위한 가장 확실한 방법은 수많은 개발계획과 보도자료를 꼼꼼히 찾아보는 것이다. 물론 상당한 시간과 노력이 필요한 일이다. 너무나 포괄적인 대답이 아니냐고 할 수 있지만, 장담하건대 가장 확실한 방법이다.

물론 요즘에는 이렇게 길고 복잡한 보도자료나 관보, 고시 등을 보는 대신 이런 호재가 해당하는 지역이 어디인지를 찍어주는 뉴스나 블로거가 많다. 하지만 지난 경험을 돌아보면 그런 계획들을 자세히 설명해 주거나 정확한 정보만 전달하는 경우는 매우 드물었다. 대부분 해당 사업과 이해관계가 얽혀있거나 매물을 팔고자 하는 사람들이기 때문일 것이다. 무엇보다 이런 단편적인 정보를 먼저 접하게 되면 해당 지역을 살펴볼 때 색안경을 끼게 되기가 쉽다.

예를 들어 어떤 지역에 '○○역 예비타당성 조사 통과'라는 현수막이 붙었다고 하자. 관심이 생겨 인근 부동산에 들렀더니 해당 노선이 얼마나 대단한 가능성을 가지고 있는지 한참을 설명한다. 벌써 가격이 오르기 시작했으니 서둘러 매입해야 한다고 부추기기까지 하면 초보 투자자들은 혹해서 매물을 계약하고 나오기 십상이다.

하지만 전작에서 설명했듯이 예비타당성 조사에 통과했다고 1~2년 사이에 우리집 앞에 지하철역이 들어서는 것은 아니다. 어떤 개발사업이 진행되려면 수많은 절차가 필요하다. 사업성 검토, 지질·문화재 조사, 기본 및 실시설계 등 여러 가지 필수 단계를 거친 후에 착공을 하는데 그로부터 다시 몇 년 후에 준공이 이뤄진다. 전작에서도 설명했지만, 많이 들어보셨을 예비타당성 조사는 이중에서 매우 초기단계에 불과하기 때문에 실제 준공된 모습을 보려면 아무리 빨라도 10년이 넘는 시간이 필요하다.

그렇기 때문에 개발호재를 분석할 때 객관적 자료로 판단하는 것은 매우 중요하다. 그것도 한 가지 자료가 아니라 여러 자료를 크로스체크해야 한다. 정부에서 발표하는 객관적인 자료를 살피며 알게 된 것들이 있다. 그렇게 깨달은 나만의 '지역 선별 노하우'를 이번 책에서 좀 더 자세히 담고 싶었다.

예를 들어 나는 조달청에서 운영하는 나라장터나 각 지자체의 계약공고 등을 자세히 살핀다. 하나의 사업을 진행하기 위해서는 절차별로 용역발주가 필수적인데, 이러한 용역발주 공고문과 과업내역서 등을 통해 해당 사업이 어떻게 진행되고 있는지를 파악할 수 있기 때문이다. 또한 관련 공공기관 및 지자체의 예산편성과 업무계획 공고도 중요하게 본다. 어떤 사업에 예산이 잘 편성되어 있다면 해당 사업은 무리 없이 추진될 가능성이 높기 때문이다.

이렇게 객관적인 자료를 크로스체크하며 분석하게 되면 좋은 지역과 안 좋은

지역을 스스로 판단할 수 있는 능력을 갖추게 된다. 귀가 얇아 흔들리는 스스로를 투자 리스크로부터 지킬 수 있는 힘이 생기는 것이다.

개발호재를 살피는 두 가지 테마

이 책은 그러한 방법을 크게 두 가지 테마로 나누어 알려준다. 첫 번째 테마는 모든 개발호재의 가장 상위계획인 제5차 국토종합계획이다. 정부에서 발표하는 자료를 살피며 실제로 현실성이 있는지를 검토하는 요령을 알려드리고자 한다.

하지만 국토종합계획 책자는 무척 두껍고 내용이 복잡하기 때문에 여기에서는 7가지 핵심 키워드를 뽑아 정리했다. 해당 키워드가 왜 중요한지, 어떤 식으로 다른 사업과 연결되는지, 객관적으로 괜찮은 사업인지, 그리고 더 살펴봐야 할 점은 없는지를 구체적으로 짚어드릴 것이다.

두 번째 테마는 2030 서울시 생활권계획이다. 서울은 우리나라 개발사업의 핵심지역이자, 물건이 있든 없든 투자자라면 항상 지켜봐야 할 바로미터와도 같다. 이 책에서는 서울시를 5개 권역으로 나눠서 각 지역별 특성과 핵심사업, 연계해서 살펴볼 사업 등을 입체적으로 다룰 예정이다.

정부가 진행하는 사업과 별개로 서울시가 자체 진행하는 사업이 많기 때문에 내용을 모두 정리하기에는 다소 산만할 수 있다. 그래서 이 책에서는 정부와 서울시의 개발 방향성이 비슷한 사업을 중심으로 살핀다. 다소 복잡할 수 있지만 똑똑한 부동산 투자를 위해선 반드시 두루 살펴보는 눈을 키우시기 바란다.

깊이를 알고 떨어지면 공포감이 줄어든다

전작 『교통망도 모르면서 부동산 투자를 한다고?』에서 철도와 도로에 대한 감각을 익힌 독자라면 이번 책에서는 그와 연계되는 각종 개발사업 및 호재를 스스로 골라내는 노하우를 얻게 될 것이다. 강의를 할 때 늘 강조하는 것이 있다.

"낭떠러지에서 떨어질 때 깊이를 아는 사람과 모르는 사람의 공포감은 하늘과 땅 차이다."

내가 투자한 지역이 어떤 방향으로 나아갈 것인지를 정확히 숙지하는 것과 아닌 것의 차이 역시 상당하다. 수익을 내기까지 시간이 좀 더 걸릴 뿐인 것인지, 아니면 이대로 계속 추락만 할 것인지를 알면 판단이 훨씬 쉬워진다.

이 책에서는 구체적인 지역과 호재의 이름이 다수 등장한다. 발전 가능성이 있

다고 생각해 적은 지역도 있지만, 많은 사람들이 관심을 가지는데 실제로 진행 속도가 늦기 때문에 조심하라는 의미에서 적은 지역도 있다. 사례를 들은 것일 뿐 결코 해당 지역에 투자를 권하려는 것이 아니므로 독자 여러분께서 신중하게 판단하시기를 꼭 당부드린다.

가능하면 객관적인 정보를 바탕으로 이번 책을 집필하려고 애썼다. 그런 마음이 독자 여러분에게 잘 전달되었으면 하는 바람이다.

IGO빡시다 드림

제5차 국토종합계획

"국가가 집중하고 있는 사업을 찾아내라"

제5차 국토종합계획에서 주목해야 할 7가지 키워드   ▪21

2030 서울시 생활권계획에서 주목해야 할 4가지 키워드 ▪101

테마 1

제5차 국토종합계획

"국가가 집중하고 있는
사업을 찾아내라"

제5차 국토종합계획에서 주목해야 할
7가지 키워드

이번 챕터에서 이야기할 내용은 부동산 개발계획을 포괄하는 상위계획, 그중에서도 개발계획의 끝판왕인 '국토종합계획'에 대한 이야기다. 하나의 계획이 발표되면 그 속에 등장하는 수많은 사업이 투자자를 유혹한다. 그러나 그중에는 몇 년 안에 이뤄질 만한 사업과 십 년이 가도 이뤄지기 어려운 사업, 그리고 살아생전 완성되는 걸 보기 어려운 사업이 존재한다. 제대로 된 투자를 하기 위해서는 수많은 개발계획 중에서 될 만한 것을 골라낼 수 있어야 한다.

국토종합계획은 수많은 개발계획 중 가장 상위단계에 있으며, 수도권정비계획, 광역도시계획, 지자체별 도시계획을 수립하기 위한 가이드라인 역할을 한다. 거시적으로 국토를 어떤 테마로 개발할 것인지에 관한 내용이 포함되어 있어서

향후 20년 개발 방향을 파악할 수 있는 중요한 계획이다.

2019년 정부는 우리 국토를 어떻게 꾸려나갈지 밑그림을 그리는 제5차 국토종합계획을 발표했다. 제5차 국토종합계획에 담긴 사업들은 앞으로 부문별 계획을 수립, 중앙부처와 지자체 등과의 협의 등을 거쳐 추진 여부가 결정된다. 임기 동안 어떤 방향으로 국토를 개발하고 유지하며 운영할지에 대한 정부의 입장을 공식적으로 천명하고 있으므로 반드시 살펴봐야 할 중요한 문서이다. 이번 정부가 어떤 개발계획에 집중하고 있는지를 파악하는 데 안성맞춤이라고 할 수 있다.

이번 정부의 개발 콘셉트(concept)는 무엇일까? 보고서와 국토종합계획에서 공통으로 강조하는 테마는 국토균형발전이다. 당연히 이번 정부에서는 균형발전에 필요한 사업들이 우선으로 진행될 가능성이 높을 것으로 생각한다.

지역 간 불균형은 우리나라의 고질적인 문제 중 하나다. 수도권과 비수도권, 대도시와 주변지역의 경제적·사회적 격차가 계속 벌어지고 있다. 인구밀도가 높은 곳에만 개발사업이 집중되다 보니 일어나는 현상이다. 국토의 균형발전을 이루기 위해서는 상대적으로 낙후된 지역의 잠재력을 극대화하여 자립적으로 성장할 수 있는 기반을 마련해야 한다. 또 지역 간 연계와 협력을 제고할 수 있는 방법을 찾아야 한다. 이런 움직임은 2017년 발간된 「문재인 정부 국정운영 보고서」는 물론이고 예비타당성 면제노선 발표, 각종 국책사업 진행 발표 등에서 빈번히 언급되고 있다.

예를 들어 평택-오송 복복선 사업은 예비타당성 조사를 면제받았다. 예비타당성 조사는 해당 사업이 큰 예산을 쏟아부을 만큼 충분한 사업성이 있느냐를 분석하는 과정이다. 이러한 예비타당성 조사를 면제받았다는 사실은 비록 사업성이

다소 부족하더라도 반드시 추진할 필요성이 있다는 뜻이다.

그렇다면 평택-오송 복복선 사업은 과연 어떤 의미가 있는 것일까? 비수도권 지역이 발전하기 위한 핵심요소는 인프라가 잘 갖춰진 중심지역으로 빠르고 편하게 이동할 수 있는 교통망이며, 이런 교통망의 허브 역할을 하는 것이 복합환승센터이다. 단순히 교통만 이용하는 시설이 아니라 주거 및 상업·업무 시설이 하나로 융합된 지역 내 랜드마크 역할을 한다. 하지만 진행이 잘 안 되는 곳의 공통점은 사업성 확보가 어렵다는 사실이다.

평택-오송 복복선이 개통되면 고속철도(KTX 및 SRT) 운행이 두 배 증가하게 되면서 유동인구가 그만큼 증가하게 된다. 이렇게 되면 현재는 사업성이 부족해서 진행에 어려움을 겪는 지방 주요 도시의 복합환승센터 사업이 급물살을 탈 수 있다. (자세한 내용은 뒷부분의 복합환승센터 관련 내용 참고) KTX가 지나는 지방의 거점 도시들도 중요하게 살펴봐야 한다. 익산과 광주 송정, 울산, 부전 등 KTX 역세권 개발사업까지 함께 진행되기 때문에 국토균형발전과 밀접한 관련이 있다. 따라서 이에 해당하는 지역은 꾸준히 관심을 두고 지켜봐야 한다.

여기서는 중요한 키워드 일곱 가지를 먼저 간단하게 집어보겠다. 이를 통해 국토종합계획의 대략적인 방향성을 파악해보자. 각 키워드에 대한 자세한 내용은 뒷부분에서 다시 한 번 다룰 예정이다.

키워드 ① : 순환도로망 및 순환철도망

전국 주택보급률은 100%를 넘어선 지 이미 오래되었다. 그런데도 우리는 왜 늘 집이 부족한 것처럼 느끼는 것일까? 산골 마을이나 바닷가 등 지방 구석구석의 모든 주택 수를 합치면 우리나라 전체 세대수보다 많지만 이런 곳에는 빈집들이 넘쳐난다. 반면 도시지역에서는 치솟는 전셋값에 허리가 휠 지경이다. 누구나 대도시 중심에 살고 싶어 하므로 특정 지역으로 사람이 몰리기 때문인데, 수요가 공급을 초과하면 가격은 당연히 상승할 수밖에 없다.

하지만 이미 포화상태인 도심권에 신규 택지지구를 조성하는 것은 불가능에 가깝기 때문에 정부는 대도시 외곽지역에 신규 택지지구를 조성하려고 한다. 문제는 무작정 중심부와 멀리 떨어져 있는 곳에 택지지구를 조성할 수는 없다는 점이다. 아무리 멋진 주택을 지어 놓았더라도 일자리가 있는 지역, 즉 대도시 중심권으로 출퇴근하기가 어렵다면 사람들의 외면을 받고 미분양이 발생한다.

이런 이유로 택지 지구가 자리 잡으려면 새로운 도로와 철도가 함께 건설되어야 하는데, 그 건설비가 만만치 않은 것이 현실이다. 외곽지역에 택지지구를 조성하려면 더욱 혁신적인 교통체계를 제공해야 한다. 빠르게 도심권에 접근할 수 있다면 주택 수요는 집값이 상대적으로 싼 외곽지역으로 분산될 것이고, 그만큼 부동산 시장도 안정될 것이기 때문이다.

이런 이유로 제5차 국토종합계획에서는 '네트워크형' 또는 '순환형' 교통망을 완성한다는 내용이 자주 언급되고 있다. 서울의 외곽순환도로처럼 도시의 외곽지역을 빠르게 연결하는 교통망을 구축한다는 것이다. 구체적으로 어떤 계획을 하고 있는지는 뒤에서 자세히 다루도록 하겠다.

키워드 ② : 광역교통망

광역(光域)이란 '넓은 지역'이라는 뜻이다. 네이버 지식백과에서 '광역행정'이라는 단어를 검색하면 이런 뜻풀이가 나온다.

> **광역행정(廣域行政)**
> 하나의 지방자치단체 또는 지방행정기관의 구역을 초월하는 광역을 단위로 하여, 행정사무 또는 사업을 일체적 · 종합적으로 처리하는 것을 말한다. (후략)

여기서 집중해야 할 부분은 '구역을 초월하는'이라는 말이다. 행정이나 교통 문제에서 '광역'이라는 말이 붙으면 대부분 구역을 초월하는, 다시 말해서 어떤 지역과 다른 지역을 연결한다는 의미를 가진다. 광역버스를 떠올려 보면 쉬울 것이다. 서울-인천-경기도, 경북-대구, 경남-부산-울산, 전북-광주 등 두 개 이상의 시·도에 걸쳐서 운행되는 버스를 흔히 광역버스라고 불린다.

당연히 인프라와 일자리가 집중된 중심부에 거주하고 싶지만, 주택이 부족하고 너무 비싸다. 그렇다면 외곽지역을 찾아볼 수밖에 없는데 이미 광역교통망이 잘 구축된 곳은 벌써 많은 이들이 몰리고 있다. 그러니 우리는 광역교통망 구축 예정지역을 중심으로 살펴보려고 한다.

광역교통망 구축 사업은 진행이 쉽지 않다. 무엇보다 관련 지자체들의 복잡한 이해관계를 해결해야 하기 때문인데, 어마어마한 사업비를 누가 얼마나 부담할지도 문제지만 어떤 지역은 엄청난 이익이 보장되는 반면 다른 지역은 별로 개선사항이 없는 사례도 있다. 그만큼 협업이 상당히 어렵다.

이에 문재인 정부는 2017년 국정운영 보고서와 2018년 국회 교통위원회 보고서를 통해 '광역교통청' 신설을 논의했다. 하지만 원활히 이뤄지지는 않았다. 청장을 장관급으로 대우하는 안이 회의록에서 발견되면서 논란이 일었다. 꽤 긴 기간 보완을 거쳐 출범은 2019년 3월 19일 '대도시권 광역교통위원회'라는 명칭으로 신설되었다. 위원장은 지자체장들의 의견을 수렴해서 정책을 결정하는 권한을 갖고 있는데, 차관급 대우를 받게 되면서 위원장이 다급하다고 판단되는 사업의 이견

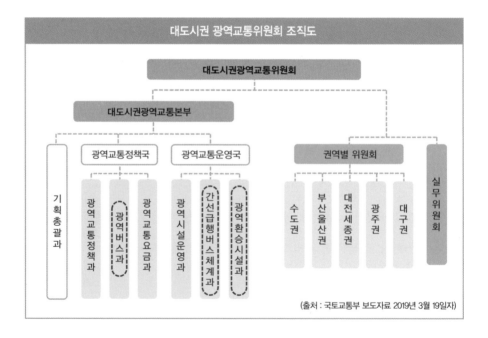

(출처 : 국토교통부 보도자료 2019년 3월 19일자)

을 조율하는 것이 원활해졌다. 이렇게 지자체 간 갈등을 유기적으로 해결하게 되면 그동안 사업성이 충분한데도 여러 이해갈등 때문에 지연되었던 사업들이 다시 수면 위로 떠오를 가능성이 커진다.

새로 만들어진 광역교통위원회는 어떤 사업에 집중하고 있을까? 조직도를 살펴보면 힌트를 찾을 수 있다. 부서 구성을 살펴보면 광역버스과, 간선급행버스체계과, 광역환승시설과 등 버스 교통과 관련된 이름이 눈에 자주 띈다. 최근 발표된 3기 신도시의 핵심교통 대책으로 꼽히는 S-BRT처럼 대도시 광역교통망은 당분간 버스 체계에 좀 더 집중할 것이라 예상할 수 있는 대목이다. BRT에 대한 내용은 뒷부분에서 자세히 다루도록 하겠다.

특히 버스와 철도가 만나는 곳이 집중적으로 개발될 것으로 보이는데, 이것이 바로 복합환승센터이다. 예를 들면 대곡역의 경우 경의중앙선, 3호선 그리고 2022년 개통을 앞둔 대곡-소사선, 공사를 진행 중인 GTX-A와 아직 계획만 수립된 고양선, 교외선까지 운행하게 되면 총 6개 노선이 환승 가능하다. 외곽순환도로를 이용하는 광역버스 노선까지 합쳐지면 대곡역 복합환승센터는 수도권 서북부 교통의 중심지가 될 것이다. 3호선, 분당선 그리고 계획 중인 위례-과천선이 만나는 복정역도 앞으로 눈여겨볼 만하다.

키워드 ③ : 캠퍼스 혁신파크

수도권과 비수도권의 불균형을 해소하기 위한 첫 번째 방법이 교통 인프라를 구축해 접근성을 높이는 것이라면, 두 번째 방법은 비수도권에 양질의 일자리를 창출하는 것이다. 이를 위한 좋은 방법은 지방 산업단지를 건설하는 것이지만, 가장 큰 문제점은 인재를 확보하기 어렵다는 것이다. 본사나 연구소를 지방으로 이전하면 훌륭한 인재들이 입사를 꺼린다. 고소득 노동자일수록 주거환경, 생활 인프라, 학군 등 생활 만족도를 중시하는 경향이 높기 때문이다.

앞서 말했듯이 문재인 정부는 지역이 가진 잠재력을 극대화하여 자립적 성장 기반을 마련하기 위해 힘쓰고 있는데, 캠퍼스 혁신파크 조성 프로젝트가 대표적이다. 이는 지역 간 경제·산업·문화 교류를 강화해 지역의 성장발판을 마련하기 위한 정부의 전략적 투자이며, 지역의 중장기적 수요를 창출하고 국가경쟁력을 높이기 위한 사업이라고 이해할 수 있다. 정부는 지방 대학과 산업단지를 연결함으로써 인재와 신산업이 모이는 캠퍼스 혁신파크를 조성, 업종 고도화 및 도시재생과 연계한 창업·혁신 공간, 문화·복지 공간이 어우러진 산업단지를 조성하려고 한다. 대학 캠퍼스 내 산단을 유치하고 산·학·연 네트워크를 활성화함으로써 공동 R&D, 인력 양성, 취업 연계를 추진하는 산학융합지구를 만드는 것이다.

정부의 이런 계획은 2019년 8월 '캠퍼스 혁신파크'라는 명칭으로 발표되었다. 미국의 MIT와 켄달스퀘어, 영국의 스탠포드 과학단지, 독일의 하이델베르크 기술단지 등이 비슷한 모델이라고 볼 수 있다. 혁신파크는 대학 유휴부지를 '도시첨단산업단지'로 지정하고, 기업과 연구소 등을 위한 창업지원센터, 공유 오피스, 공유 연구시설, 시제품 제작 시설 등의 창업 인프라를 조성하는 방식으로 만들어진다. 또한 행정적 지원을 담당할 전담 공무원과 금융기관을 상주시켜서 창업에 집중할 수 있는 환경을 조성하기 때문에 젊은 창업희망자들의 관심이 클 것으로 생각된다.

이 사업의 장점은 별도의 부지를 마련할 필요 없이 대학 내 유휴부지를 활용하기 때문에 진행속도가 빠르다는 점이다. 현재 강원대, 한남대, 한양대 에리카 캠퍼스가 시범사업으로 선정되어 있으며 울산테크노파크 · 울산테크노일반산단 내 분과가 위치한 유니스트(UNIST)의 경우도 선정 가능성이 있다.

키워드 ④ : 노후산업단지

한국 경제 산업 발전에 선도 역할을 담당했던 제조업이 갈수록 경쟁력을 잃고 있다. 70년대 대도시 외곽지역에 조성된 대규모 산업단지는 시설이 노후화되면서 생산성이 감소했고 빠르게 변화하는 산업구조에 적응하지 못하는 등 산업단지로서의 기능을 잃어가고 있다. 이와 함께 도시지역 확산에 따른 환경문제, 기반시설 부족 등 다양한 문제점을 노출하였다. 특히 도시가 확장되면서 과거에는 도시 외곽에 해당했던 산업시설의 위치가 현재는 도시 중심부가 되어버리면서 도심 노후화에 한 몫을 거들었다.

국토종합계획에서는 이런 노후 산업단지 개발을 핵심과제로 언급하고 있다. 노후 산업단지는 캠퍼스 혁신파크 사업과 마찬가지로 지역 경제를 활성화하기 위한 주요 거점으로 개발될 예정이며, 도로 철도 인프라 구축 사업, 도시재생사업, 역세권 사업 등 다양한 개발 사업과 연계해 진행된다.

여기서 우리는 한 가지 의문을 갖게 되는데, 과연 동시다발적으로 모든 산업단지의 개선 사업을 진행할 수 있을까? 예산, 지자체 간 이해관계 등 수 많은 문제가 있으니 불가능해 보인다. 그럼 어느 지역이 먼저 진행될 수 있을까? 당연히 이미 철도, 도로 등 교통 인프라가 충분히 갖춰진 지역이나 적어도 조만간 갖춰질 곳에 우선적으로 진행될 가능성이 클 것이다.

키워드 ⑤ : 복합환승센터

복합환승센터 개발은 지방 거점 개발을 위한 마지막 방점이라고 생각하면 된다. 복합환승센터는 교통만을 위한 시설이 아니다. 주거와 업무·상업 지역을 한곳에 융합하여 그 지역의 랜드마크로 만드는 것이 최종 목표다. 복합환승센터에 대한 자세한 내용은 전작『교통망도 모르면서 부동산 투자를 한다고?』에서 자세히 다룬 바 있으니 궁금하신 분은 참고하면 좋을 듯하다.

복합환승센터 사업을 살펴볼 땐 두 가지를 유념해야 한다. 첫 번째는 원도심 개발에 긍정적 영향을 준다는 것이고, 두 번째는 신규 택지지구와의 연계성을 강화한다는 것이다. 복합환승센터 건설은 지역 간의 격차를 해소하는 한편 낙후된 원도심을 개발하는 등 두 마리 토끼를 동시에 잡겠다는 구상이 담겨 있다.

서울, 인천, 대구, 부산, 울산, 광주 등 대도시의 경우 중심부에는 더 이상 개발할 수 있는 땅이 없다. 만성적인 주택 부족 문제를 해결하기 위해 도심 외곽지역에 대규모 신도시나 택지지구를 개발해 주택을 공급해왔지만, 중심부와 가까운 지역도 포화상태에 다다르고 있다. 그렇다고 좀 더 먼 곳에 조성하자니 대규모 예산이 필요한 도로와 철도 건설이 함께 이루어져야 한다는 문제에 봉착했다.

천문학적인 비용도 문제이지만 아무리 깔끔한 신도시라고 해도 일자리가 없거나 접근성이 떨어지게 되면 기피하는 현상이 발생할 수밖에 없다. 예를 들어 수도권 2기 신도시 중에서 강남 접근성이 좋고 일자리가 많은 판교의 경우 많은 이들의 관심이 쏠리고 있지만 운정이나 김포 한강신도시처럼 서울 중심부로 접근하기 불편한 곳은 부동산 가격이 상대적으로 저렴하다. 복합환승센터가 설립되면 어떻게 될까? 교통 편의성이 확보되는 것은 물론 환승센터를 중심으로 지역경제에 활력을 불어넣을 수 있을 것으로 기대된다.

중심부의 낙후된 역사도 마찬가지다. 서울역, 용산역, 수색역, 사당역, 청량리역, 부전역, 부산역, 동대구역, 서대구역, 대전역 등의 공통점은 충분한 교통 인프라가 구축되어 있지만 주변 지역의 낙후가 심각해 유동인구는 많지만 주거지로 각광받지 못했다는 점이다. 이런 지역은 철도·버스 등 대중교통 접근성이 이미 뛰어난 곳이기 때문에 추가 인프라 공급이 필요 없다. 이런 곳에 복합환승센터가 건설하게 되면 사람이 모여들게 될 것이다. 신규택지지구에 복합환승센터를 개발하는 것도 비슷한 맥락이다. 허허벌판에 복합환승센터를 조성해서 교통 인프라 사업을 발표한다. 그리고 역세권에 주거 및 업무·상업시설을 접목하게 되면 편리한 교통 인프라를 이용하는 유동인구가 증가해서 사업성을 확보하게 되는 것이다.

프랑스 파리에는 라데팡스라는 복합환승센터가 있는데 46만여 평 부지 위에 주거시설과 함께 첨단 업무·상업시설을 구축하였고 고속도로와 철도는 지하에 조성하여 편리한 이동이 가능하도록 설계되었다. 교통이 편리한 곳에 모든 것이 가능한 미니 신도시가 조성되다보니 유동인구가 폭발적으로 늘어났고 인근 지역의 가격이 상승했다. 주변 지역 개발사업 또한 사업성을 얻게 되었다. 이미 교통이 편리한 지역이기 때문에 복합환승센터 조성만으로도 주변 지역의 신속한 정비까지 끌어낼 수 있었다.

우리나라에서는 광명역세권개발이 대표적인 사례라고 할 수 있다. 하나의 지역에 주거·업무·상업시설을 한곳에 모아 넣고 교통 인프라를 확충함으로써 많은 이들의 이목을 집중시키는 곳이다. 광명역세권 개발사업은 전작에서 자세히 다뤘으므로 참고하시길 바란다.

광명 이후로 역세권 개발이 진행되고 있는 곳은 대곡역, 복정역 등이 있다. 이들 지역은 외곽순환도로 나들목(IC)에 접해 있기 때문에 BRT와 광역버스 정류장으로서의 기능까지 갖출 수 있다. 이에 대해서는 뒷부분에서 다시 한 번 살펴보도록 하겠다.

키워드 ⑥ : BRT

신규 도로나 철도 건설은 투자 비용 대비 효과가 좋다고 보기 어렵다. 대도시권의 도로 위주 개발은 교통 혼잡 해소에 크게 기여하기는커녕 오히려 승용차 수 증가를 유발했고, 철도 개발은 교통 혼잡도를 해소하였지만 천문학적인 건설 비용이 들어간다.

용인경천철과 의정부경전철 사업은 대표적인 실패 사례다. 엉터리 수요예측과 지자체의 무리한 사업 추진으로 재정손실을 키웠고 이로 인한 손실액은 지역 주민들이 고스란히 떠안게 됐다.

그렇다고 교통 사각지대를 계속 방치할 수는 없다. 그래서 새롭게 등장한 것이 BRT이다. BRT의 경우 경전철과 비교 시 수송용량은 85% 수준이지만 사업비는 6.5%에 불과하기 때문에 예산 부담이 상대적으로 덜하다. 앞으로 소외지역의 교통 편의성을 증대시킬 수 있는 대표적인 교통수단으로 자리 잡을 예정이다.

하지만 아무리 저렴하고 수송능력이 확보되어도 신속성과 정시성(正時性)이 뒷받침되지 않으면 외면받을 수밖에 없다. 서울, 경기, 부산, 제주 등에서는 중앙버스전용차로를 운영하고 있는데 일반 차로보다는 훨씬 빠르지만 철도보다 편의성이 떨어지는 게 사실이다. 교차로 신호대기, 여러 버스 혼합운용으로 인해 지연되는 경우가 자주 있기 때문이다.

BRT의 경우 전용차로뿐 아니라 교차로 통과 시에도 전용 고가도로나 지하터널을 이용하기 때문에 신호대기 없이 이동할 수 있다. 경기·인천 또는 수도권 및 주요 대도시권에는 이미 BRT를 운영할 계획을 세우고 있다. 세종 BRT의 경우 대

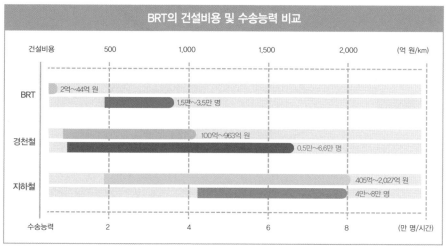

(출처 : 대도시권광역교통위원회 자료에서 변형)

전 반석역과 대전역에서 세종 오송역 사이의 구간을 연결하게 되는데 벌써 수혜지역과 비수혜지역에 대한 선호도가 극명하게 갈리고 있다.

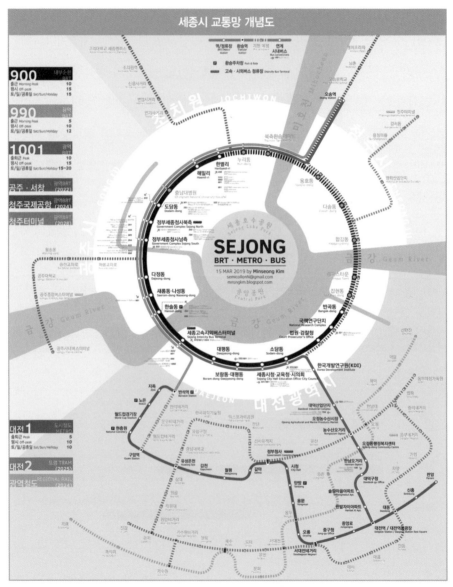

(출처 : 'De Ekster' 블로그, mnsngkm.blogspot.com)

키워드 ⑦ : 수도권 급행열차

2차·3차 국가철도망 구축계획에서는 '대도시권 30분 내 접근 가능한 인프라 구축'을 목표로 다양한 계획을 내놓은 바 있다. 이 목표에 가장 부합하는 철도 인프라가 바로 GTX와 급행열차 확장이다. 이에 대해서는 전작에서도 자세히 다루었으니 참고하시면 좋을 듯하다.

출퇴근길 주요 교통수단으로 전철을 꼽는 직장인이 많은데 가장 큰 이유는 버스와 비교할 때 신속성과 정시성을 보장받을 수 있기 때문이다. 일산, 운정, 송도, 의정부 등처럼 GTX 개통이 계획되어 있는 곳은 서울 중심부까지의 이동 시간이 짧아질 것이고, 그만큼 서울 주택난 해소에 도움이 될 것이다.

또한 기존의 인프라도 점차 개선되고 있는데 대표적인 분야가 급행열차 운행 노선을 확대하는 사업이다. 서울 9호선이 개통되면서 강서구의 가치가 엄청나게 치솟았는데, 그중에서도 급행열차가 운행하는 역과 완행열차가 운행하는 역 사이의 선호도 차이가 극명하게 갈라지고 있다. 모든 역에 정차하는 완행열차에 비해 서너 역마다 건너뛰며 정차하는 급행열차는 거리가 멀수록 이동 시간을 단축되는 효과가 있어 큰 호응을 얻었다.

이런 이유로 서울과 수도권 외곽지역을 연결하는 분당선, 과천선(4호선), 일산선(3호선)에 급행열차 운행이 계획되어 있는데, 이를 더욱 확대하는 추세다. 기존 선로 위에 차편과 유치선만 추가 배치하고 조정하면 되기 때문에 예산이 크게 필요하지 않아 효율적이다. 저비용으로 일자리 중심지 접근성을 높일 수 있어 기대되는 호재이다.

캠퍼스 혁신파크
자세히 살펴보기

기업하기 좋은 환경을 만드는 것은 일자리 창출에도 도움이 된다. 편리한 교통과 풍부한 인프라를 갖춘 곳이라면 기업들이 앞다투어 입주를 희망할 것이다. 그러나 교통의 편의성을 높이기 위해서 도로와 철도를 건설하려면 엄청난 예산이 필요하지만 이를 위한 SOC 예산 비율은 매년 감소하는 추세다. 또한 경제 구조 변화와 산업 지형도의 변화가 과거 어느 때보다 빠르게 일어나고 있어 일자리 창출에도 새로운 대안이 필요하다. 이런 문제 때문에 시범사업으로 진행되는 캠퍼스 혁신파크의 경우 이미 인프라가 갖춰져 있는 곳에서 시작되었다. 2019년 8월 국토부는 선도사업지로 강원대(춘천), 한남대(대전), 한양대 에리카(안산)을 발표했다. 선정된 세 곳의 공통점은 교통 인프라가 이미 갖춰져 있다는 점이다.

강원대

　강원대의 입지를 살펴보면 서울과의 접근성이 뛰어난 경춘선 남춘천역 인근에 위치한다. 경춘선은 춘천-속초선 사업과 연결될 계획인데 현재 예비타당성을 통과해 기본계획을 진행하고 있다.

　도로 접근성도 좋다. 중앙고속도로와 서울-양양고속도로를 이용하면 서울, 강릉, 원주, 제천, 대구 등과 빠르게 연결될 수 있다. 교통 편의성 측면에서 큰 장점이 있다.

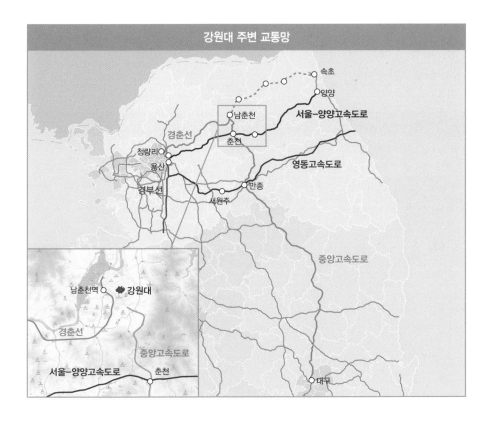

강원대 주변 교통망

강원대 캠퍼스 혁신파크 사업은 1단계로 바이오헬스케어, 에너지 신산업 관련 기업 입주를 위한 플랫폼 혁신센터를 신축할 예정이며 2단계로 사회혁신센터(군 장병 취창업 지원공간), 문화혁신센터(영화 창업 공간, 스튜디오 등), 생활혁신센터(주거 시설, 대학-주민 협력 랩 등) 등 3개 동을 신축할 예정이다.

한남대

한남대는 서울, 수도권, 경상도와의 접근성이 상당히 뛰어나다. 경부고속도로 대전나들목(IC), 경부고속철도 대전역에 접해 있는 곳으로 단기간 교통 인프라 건 설이 불필요한 곳이다.

1단계로 기계·금속, 바이오·화학, 지식서비스, ICT(정보통신기술) 중심 산학협력 2개 동이 신축되며 기업 입주 공간, 테스트베드(Test Bed), 문화공간 등으로 이용될 예정이다. 2단계로는 스타트업 기업 및 협력기관을 추가유치하면서 설계, 엔지니어링, 인력 양성 기능 등을 확대할 예정이다.

한양대 에리카(안산캠퍼스)

남들보다 한 발 빠른 투자를 위해 우리가 살펴봐야 하는 것은 지금이 아니라 가까운 미래에 어떤 인프라가 건설되어 개선되는지이다. 현재 안산과 서울 중심부로의 접근성이 떨어지는 것은 사실이다. 하지만 이것은 현재 상황에만 적용된다.

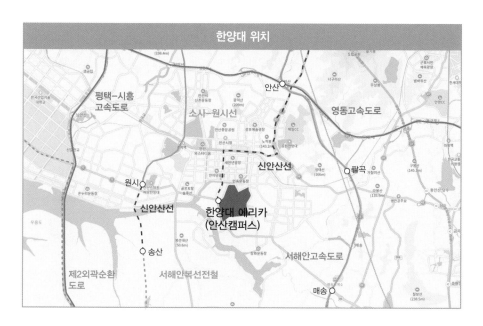

먼저, 여의도역(5·9호선)에서 한양대 에리카 캠퍼스까지 운행하는 신안산선이 2019년 착공했다. 광명, 석수, 구로디지털단지, 영등포, 여의도를 한 번에 연결하는 노선으로 서울 중심부로의 접근성을 한층 개선해 줄 것으로 예측하고 있다. 그 중에서도 특히 원시-송산 구간이 연결되면 서해선이 완성되어 서해안벨트 개발도

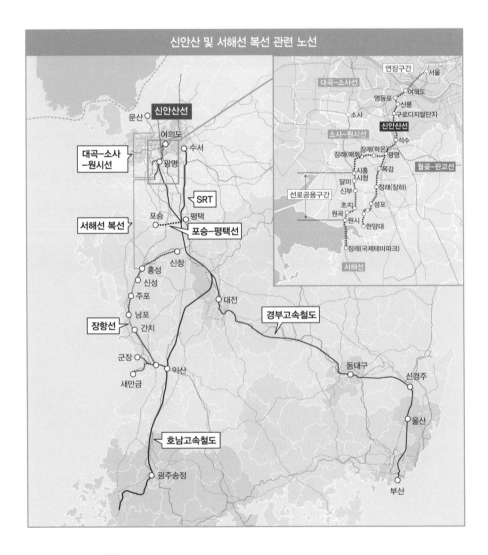

탄력을 받을 것이다. 그에 따라 인근 개발도 자연스럽게 이뤄질 것이다.

함께 주목할 점은 여의도의 역할 변화이다. 전통적인 금융 허브 도시에서 관광산업이 추가될 예정으로, 앞으로 일자리가 더욱 크게 증가할 것으로 예측된다(자세한 내용은 전작 여의도 부분 참고).

한양대의 에리카의 도로 교통망을 살펴보면 영동고속도로, 서해안고속도로가 가까운 거리에 있다. 기존에 운영 중인 영동고속도로가 확장되어 만들어질 서창-김포 고속도로는 특히 서창-장수 구간을 연결하여 외곽순환도로와 영동고속도로

수도권 순환도로망 계획

를 연결하는 노선으로 계획되고 있다.

현재 외곽순환도로 중 차량정체가 가장 심각한 구간으로 부천-김포 구간이 꼽힌다. 인천항에서 출발하는 물류 운송 차량까지 몰리는 원인이다. 이 구간 지하에 소형차 전용도로를 개설해서 문제를 해결하려고 한다. 이렇게 되면 안산의 약점으로 지적되던 철도, 도로 인프라가 혁신적으로 개선될 것으로 생각된다.

또한 제2외곽순환도로 안산-인천 구간이 민자사업에서 재정사업으로 전환되면서 빠른 속도로 진행되고 있다. 해당 도로가 개통되면 인천국제공항과 인천항으로의 접근성이 개선되어 입지가 더욱 좋아질 전망이다.

지금까지 산·학·연 협동사업인 캠퍼스 혁신파크에 대하여 알아보았다. 어떤가? 우리가 관심을 갖지 않는 지역에서도 빠른 변화가 진행되고 있다. 현명한 투자자라면 모니터링을 게을리 하지 말아야 할 것이다.

순환도로망 및 순환철도망

순환교통망 구축은 수도권뿐 아니라 지방 대도시에서도 적극적으로 추진하고 있는 사업인데, 이것이 제5차 국토종합계획의 중요한 키워드라고 할 수 있다. 정부는 대도시권 광역교통기구, 지역연합·조합 등 광역·협력적 거버넌스 구성 운영을 통해 주요 KTX역, 주요 항만, 공항 등 교통 요충지에 국토 균형발전의 거점을 완성하고, 지역 간 균형 있는 발전을 위한 순환교통망을 구축하려고 한다.

서울을 비롯한 대도시권의 고질적 문제는 도로 용량이 부족한 것이다. 교통 수요가 늘면서 극심한 정체 구간이 발생했고 일부 구간은 고속도로 기능을 상실한 지 오래다. 버스나 트럭 등 물류 차량까지 도시고속도로를 달리고 있어 안전성까지 위협받고 있다. 이러한 문제를 해결하려면 외곽과 중심부를 연결하는 도로 용량 확보가 중요한데 그 역할을 외곽순환도로가 담당할 예정이다.

순환도로망

수도권 외곽순환도로에 거센 변화의 바람이 불고 있다. 첫 번째로 서울 외곽순
환도로의 바깥쪽에 만들어질 제2외곽순환도로 사업이 빠르게 추진되고 있다. 완
공 시 외곽순환도로에 몰리는 교통량을 상당 부분 분산할 수 있다. 또한 현재의

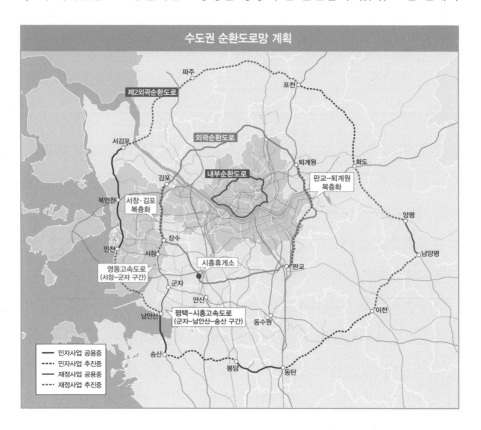

외곽순환도로에 중앙버스전용차로와 버스 환승 정류장 운행을 계획하면서 수도권 교통의 혁신이 생길 것으로 기대한다.

한 가지 더 덧붙여 말씀드리면, 2017년 4월 외곽순환도로에 특이한 휴게소가 개장했다. '하늘 위 휴게소'라는 이름으로 불리는 시흥휴게소로 도로 위를 가로질러 하늘에 뜬 형태로 건축되어 상·하행선 구분 없이 이용할 수 있다. 여기에는 서울과 수도권을 오가는 광역버스의 환승 정류장과 카셰어링 존을 설치해 고속도로를 이용하는 광역교통망과 대중교통망을 연계하는 버스 환승 정류장이 들어선다.

예를 들어 수원 호매실에서 서울로 한 번에 오갈 수 있는 광역버스는 현재 강남역과 사당역까지 운행하는 광역버스만 있다. 서울의 대표적인 일자리 중심지인 광화문이나 여의도 등으로 가는 버스가 있으면 교통의 편의성이 증가하겠지만, 무분별하게 버스 노선을 증편하게 되면 예산이 낭비될 수 있다. 반면, 버스 환승센터를 통해 외곽순환도로 상·하행선을 자유롭게 왕복하면서 다양한 광역교통버스로 갈아탈 수 있다면 여러 목적지까지 편리하게 이동할 수 있다. 새로 도로를

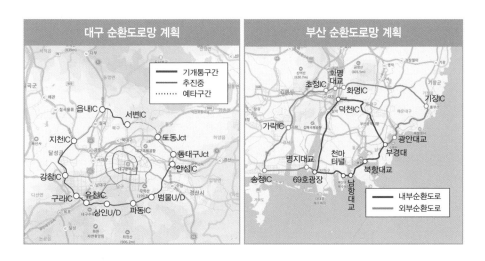

건설하지 않고 기존에 운영하는 도로를 개선하기 때문에 저비용·고효율의 효과를 끌어낼 수 있는 것이다.

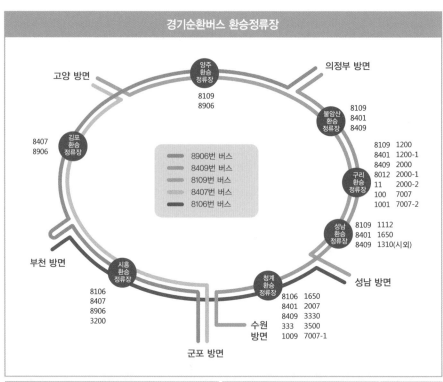

경기순환버스 환승정류장

고양 방면

양주
환승
정류장
8109
8906

의정부 방면

불암산
환승
정류장
8109
8401
8409

김포
환승
정류장
8407
8906

구리
환승
정류장
8109 1200
8401 1200-1
8409 2000
8012 2000-1
11   2000-2
100   7007
1001 7007-2

8906번 버스
8409번 버스
8109번 버스
8407번 버스
8106번 버스

성남
환승
정류장
8109 1112
8401 1650
8409 1310(시외)

부천 방면

시흥
환승
정류장
8106
8407
8906
3200

청계
환승
정류장
8106 1650
8401 2007
8409 3330
333   3500
1009 7007-1

성남 방면

수원
방면

군포 방면

시흥 하늘 위 휴게소

의왕 휴게소

순환철도망

2015년 12월 경기도에서 발간한 「경기비전 2040」에 이런 부분이 언급된다. "경기순환철도 거점도시 간 환상철도 건설". 드넓은 경기도를 둘러싸는 철도망을 건설한다니 터무니없어 보이지만 노선도를 살펴보면 대부분 기존 노선을 공유하는

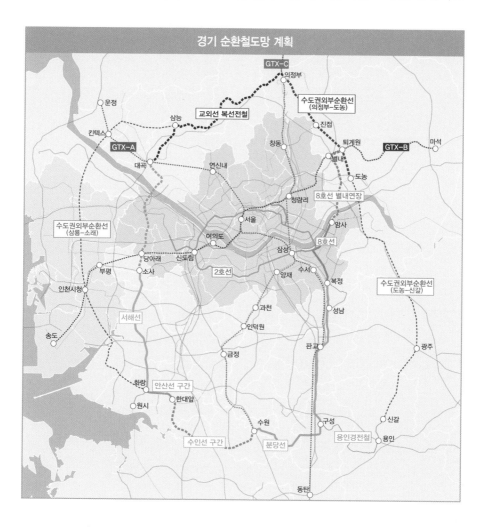

방식으로 계획되었다. 대곡-소사-원시선(서해선)과 수인선, 분당선, 8호선, 8호선 별내선 연장, 교외선으로 연결되는 큰 원과 대곡-소사-원시선과 신안산선, 월곶-판교선, 8호선 교외선으로 연결되는 작은 원으로 연결되어 있다. 마치 수도권 제 1·2외곽순환도로와 비슷한 모양이다. 해당 노선은 대부분 기존 노선을 공유하며 운행될 예정이라서 대부분 착공했거나 추진 속도가 상당히 빠르다. 때문에 언론 보도를 통해 진행 과정을 지속해서 모니터링하는 것이 좋다.

노후산업단지
개발

　제5차 국토종합계획의 핵심 키워드 중 하나는 노후 산업단지의 개발이다. 지역 균형 발전을 위해 도시별 특성과 여건을 고려하여 종합발전계획을 수립하고, 혁신 공간으로 성장하기 위한 인프라를 구축하는 데 주력하고 있는데, 구도심 재생과 연계하여 창업 및 정주공간(定住空間) 등을 조성하기 위해 노후 산업단지 개발에 힘쓰고 있다. 노후 산업단지 개발은 전통주력 산업의 쇠퇴, 기반 시설 부족 등 문제를 해결하기 위해 공장을 현대화하고 4차산업을 유치하는 방식으로 산단 재생 및 구조고도화 사업을 추진하고 있다. 특히 산업기반이 열악한 낙후지역의 산업용지 분양가가 낮아지면서 기업 유치가 촉진되고 지역 일자리가 창출되어 지역 균형 발전에 이바지할 것으로 기대하고 있다. 이와 관련해서 관심을 가질만한 지역이 어디인지를 구체적으로 살펴보자.

서울디지털산업단지(G밸리)

일반적으로 가산디지털단지로 불리는 서울디지털산업단지(G밸리)는 서울 내 유일한 국가산업단지로 구로동과 가산동 일대에 위치, 총 3개 단지로 조성되어 있다. 1·2단지는 이미 지식산업센터로 변신을 마쳤고 3단지는 많은 이들의 관심과 기대를 받으며 개발 중이다.

이곳은 1호선과 서부간선도로에 둘러싸인 탓에 애매하게 부지가 단절되어 난항을 겪었지만, 서부간선도로 지하화 사업으로 문제가 해결되면서 새로운 국면에

접어들게 되었다. 관련 사업들이 제대로 추진된다면 G밸리는 굵직한 도로와 철도가 개통되었거나 진행 중이기 때문에 입지가 상당히 좋을 곳으로 탈바꿈할 예정이다.

■ 서부간선도로 지하화

악성 교통체증으로 유명한 서부간선도로는 확장하고 싶어도 서쪽으로는 안양천에, 동쪽으로는 G밸리에 가로막혀 사업 추진이 어려웠다. 도시발전이 가속화될수록 서부간선도로의 체증은 심해졌고, 서울시는 문제를 해결하기 위해 서부간선도로 지하화 사업을 서둘러 추진했다. 해당 구간은 성산대교 남단과 금천나들목(IC)을 연결하는 왕복 4차로 건설사업으로 2021년 2월 완공을 목표로 공사가 순조롭게 진행되고 있다.

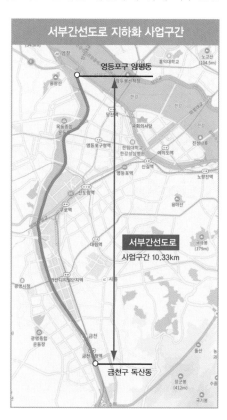

완공되면 북쪽으로는 현재 공사하고 있는 월드컵대교와 연결되며, 남쪽으로는 수원-광명고속도로와 연결된다. 서쪽으로는 인천국제공항·인천국제항과 연결, 동쪽으로는 강남순환고속도로를 이용하여 사당역·양재역·수서역 그리고 안양-성남고속도로를 이용하여 판교와 연결된다. 이뿐 아니라 서부간선도로 바로 옆 신안산선이 착공에 들어간 사실도 주목할 만하다. 또한 지하화 사업으로 G밸리와 안양천이 곧바로 연결되기 때문에 안양천 일대의 개발 바람이 불 수 있어 함께 눈여겨 볼 만한 지역이다.

남동공단

인천에 위치한 남동공단은 2019년 9월 산업통상자원부에서 발표한 「2020년 스마트산단 추가 선정」 지역에 선정되면서 미래형 산단으로 변신을 준비하고 있다.

남동공단은 10만 명이 넘는 근로자가 근무하고 6,685개 중소기업이 밀집한 곳이다. 스마트공장 보급 실적이 우수하고 이를 교통·물류 기반시설 등과 효율적으

인천 남동공단 위치도

로 연계하여 활용하고 있어 이번 사업에 선정될 수 있었다.

남동공단으로 진입을 돕는 기존 노선인 제2경인고속도로 안양-성남 구간과 영동고속도로가 연결되면서 한반도 동쪽과 서쪽을 한 번에 오갈 수 있는 교통망이 구축된다. 또한 사업이 진행되고 있는 서창-김포고속도로가 완공되면 외곽순환도로와도 연결된다. 제2외곽순환도로의 일부인 인천-안산고속도로가 민자사업에서 재정사업으로 전환되면서 급물살을 타기 시작했다.

인천 1·2호선 환승이 가능한 원인재역이 가깝게 위치해 있으며 송도역에서 출발하는 인철발KTX 사업이 현재 설계를 진행하고 있다. 이러한 사업들이 제대로 진행된다면 입지가 상당히 뛰어난 곳으로 변할 것으로 예상된다. (전작 인천발 KTX역 부분 참고)

반월시화공단

경기도 안산시 반월시화공단도 첨단산업단지로 변신을 준비하고 있다. 반월시화공단은 평택-시흥고속도로(문산-익산고속도로의 일부분)와 영동고속도로가 인접해 있어 접근성이 나쁘지 않았지만 여러 가지 어려움이 산적해 있었다. 한때는 대한민국 산업화의 상징이었지만 공단 내 시설 노후화 등으로 도시 발전을 막고 있는 애물단지로 취급을 받기도 했었다.

2018년 4월 한국산업단지공단에서는 산업단지 혁신과 현대화를 위해 구조고도화 사업 민간 대행사업자를 공모했다. 여기에 반월시화공단이 당선되면서 이듬해 9월 공단은 '경기 반월시화 스마트 산업단지 선도 프로젝트' 선포식을 개최했다. 본격적인 진행을 시작한다는 뜻으로 해석할 수 있다.

공모에 포함될 수 있던 이유는 항상 그렇듯 도로·철도 인프라가 확충되었거나 계획이 확정됐기 때문이다. 민자사업자가 없어 미추진 상태였던 수도권 제2외곽순환도로 안산-인천 구간이 재정사업으로 전환되면서 반월시화공단의 도로 접근성이 좋아졌다.

철도는 대곡-소사-원시선이 2021년 완성되며 신안산선, 인천발KTX역(초지역), 4호선 급행 사업까지 완성되면 교통의 중심지로 변모할 것이다.

이렇게 교통의 결점점 역할을 하는 곳에는 복합환승센터가 조성될 가능성이 높다. 복합환승센터는 주거 및 업무·상업시설의 중심지 역할을 하고, 일자리 부

분은 반월시화공단 첨단단산이 담당하게 되면서 이 지역의 랜드마크 역할을 하게 될 것으로 예상된다.

익산산단

익산국가산업단지는 익산시 도심에 위치한 산단으로 재생사업지구에 지정되면서 도심형 첨단산업단지로 변화를 꾀하고 있다. 여기에 산단 내 기반 시설과 교통 인프라가 개선되자 입주를 선호하는 기업들이 많아지면서 고가의 분양이 가능해졌고 재생사업에 속도가 붙기 시작했다. 현재 공사중인 도로와 철도 노선이 완공되면 산단의 가치는 더욱 높아질 것이다.

익산은 전라도와 타지역을 연결하는 관문 도시 역할을 담당하고 있다. 앞으로 추가 개통되는 도로 및 철도 노선이 완공되면 뛰어난 지리적 이점을 살려 여객·물류 수송의 거점으로 발전해 나갈 것으로 예상된다.

익산산단 인근에는 호남고속도로와 익산-포항고속도로가 만나는 익산분기점(JC)이 위치해 있다. 서해안을 따라 한반도를 가로지르는 문산-익산고속도로는 앞으로 울산-함양 고속도로와 연결될 예정이다. 기존에 운영 중인 호남고속도로, 대전-통영고속도로를 이용해 익산 분기점(JC)까지 이동 후 새만금-포항고속도로를 이용하면 서해안부터 동해안 주요 항구까지 도로가 한 번에 연결된다.

철도로는 이미 개통된 호남고속철도 익산역과 장항선이 만나는 곳이며 대야-익산선 공사가 한창 진행되고 있다. 인근에 호남고속도로, 새만금-포항고속도로가 만나는 익산분기점이 위치해 있다. 여기에 대야-익산선, 장항선·서해안 복선철도, 신안산선, 서해선(대곡-소사-원시선)이 완공되면 서해안벨트를 연결하는 철도망이 완성된다.

중요 지역과 지역을 연결할 때는 도로와 철도가 함께 놓이게 되는데 문산-익산고속도로가 동서를 잇는 핵심축이 된다. 즉, 여객 및 물류 수송의 핵심 지역으로 부상할 만한 곳이 바로 익산이다.

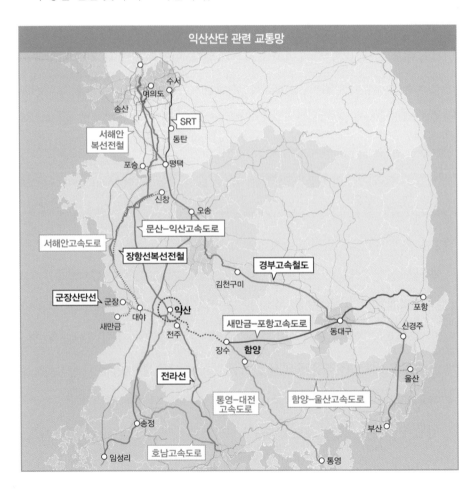

거점개발의 완성
복합환승센터

부산시의 경우 부산역과 부전역 총 두 곳에 복합환승센터 개발이 계획되어 있다. 두 지역의 경우 이미 교통망이 구축되었거나 한창 공사가 진행 중인 곳이다. 부산의 복합환승센터를 파악하기 위해서는 먼저 배경을 짚고 가야 한다.

부산시는 침체된 지역경제에 활력을 불어넣을 것을 기대하며 부산역 일원 재배치 사업과 북항(전 부산항) 개발 사업을 추진했었다. 하지만 기대와 달리 도심지 내 대규모 철도 시설이 들어서게 되면서 도시 단절과 미관 저해 등 오히려 도시 발전이 저해될 가능성이 커졌다.

특히 북항이 담당하던 물류 기능이 부산신항으로 이전되면서 북항 인근 일대의 경기가 빠른 속도로 침체해 갔다. 그래서 북항의 재개발 사업과 함께 부산역세권 연계개발의 필요성이 생겨난 것이다.

부산역 복합환승센터

북항의 기능이 부산신항으로 옮겨진 지 10여년의 세월이 지났다. 그사이 북항은 공포의 내리막길을 걷다가 재개발 사업이 진행되면서 차츰 오르막으로 들어서게 되었다.

2018년 10월 국토교통부는 「부산역 일원 철도 재배치 기본계획」을 발표했다. 사업은 단독으로 진행하지 않고 북항 재개발 사업과 부산역세권 개발 그리고 주변 낙후지역을 연계개발하는 사업을 진행하기로 했다. 이에 따라 부산역은 고속철도 전용으로만 활용하고, 부전역은 일반철도 운행을 담당하게 된다.

■ 북항 재개발

인구감소 문제는 이제 특정 지역에만 한정된 문제가 아니다. 서울 및 수도권을 제외한 대부분의 광역시들이 비슷한 고민을 안고 있다. 부산시 역시 제조업 부진으로 인한 인구감소가 사회문제로 부각되는 상황이다. 전통적인 제조업의 강자였던 부산이 최근에는 관광산업 육성에 온 힘을 기울고 있는 이유이기도 하다.

북항은 부산역과 왕복 10차선 도로를 사이에 두고 마주하고 있다. 부산역 환승센터와 함께 도로 위 공중 보행도로를 건설했는데, 이에 따라 KTX 하차 후 북항까지 도보로 한 번에 이동할 수 있게 되었다.

부산항의 또 하나의 강점은 부산항 국제여객터미널과 연결된다는 것이다. 북항 재개발이 완성되면 크루즈를 이용해서 부산에 내려 관광을 즐긴 후 부산역 KTX를 이용하여 전국 어디든지 이동할 수 있게 된다. 이렇게 접근성이 확보된 곳

북항 재개발 사업 계획

에 업무·상업시설을 위치시키면 유동인구는 폭발할 수밖에 없다.

■ 롯데타워

북항 재개발의 대표적인 상업시설은 롯데타워다. 총 높이 380m 건물에 저층부는 문화체험시설, 중층부는 스카이워크 및 암벽등반 시설, 고층부는 전망대·수목원·레스토랑·갤러리 같은 관광문화 시설을 배치해서 북항의 랜드마크로 건설할 계획이다.

인근 지역에는 언론사, 금융기관 등을 유치해서 업무 타운으로 구성할 계획이다. 해당 계획이 완성되면 북항 재개발은 주거 및 업무·상업지역이 한 곳에 어우

부산 롯데타워 배치도

부산 롯데타워 조감도

러진 완벽한 모습의 복합환승센터으로 다시 태어날 것으로 생각된다. 이런 이유로 부산역 인근 노후 주거지역은 재건축·재개발 사업을 통해 신축으로 변신하며 이목을 집중시킬 가능성이 높다.

부전역 복합환승센터

부산역이 고속철도 운행을 담당한다면 부전역은 일반철도 운행을 담당하게 된다. 많은 사람들이 일반철도에 관심을 갖지 않지만, 사업 속도가 빠르기 때문에 꼭 관심을 두고 지켜봐야 한다. 철도의 종류 및 특징에 대해서는 전작을 참고하시기 바란다.

부전역의 일반철도 노선은 크게 세 가지로 구분할 수 있다. 동해남부선–동해선, 중앙선, 경전선이다. 세 노선이 모두 개통되면 각각 급행열차로 준고속열차

(EMU-250)가 운행하게 되는데, 서울-춘천을 운행하는 ITX청춘을 떠올리면 이해가 쉬울 것이다. 일반철도는 각 구간을 별도로 운행하지만 준고속열차가 운행될 때는 선로를 비워놓으면서 운행할 계획이다. 서울 9호선 급행열차 운행과 비교하면 이해하기 쉽다.

2018년 한국철도시설공단에서 흥미로운 보도자료를 배포했다. 바로 일반철도에 고속철도 수준의 안전설비 설치기준을 도입했다는 것이다. 기존 고속철도에만 적용됐던 지진계측설비, 기상검지장치 등 9종의 철도안전설비 기준이 일반철도에도 적용된다. 그 이유는 일반철도에 최고속도 250㎞의 준고속열차 운행이 계획되었기 때문이다. 이 보도자료에서 우리는 일반철도 노선에도 고속열차 운행이 될 날이 그리 멀지 않았다는 것을 파악할 수 있다.

■동해남부선

동해남부선은 부전역과 태화강역을 연결하는 노선으로 2016년 12월 부전-일광 구간이 개통했으며, 2021년 울산 태화강역까지 연장해 운영할 예정으로 현재 공사 중에 있다. 해당 노선은 동해선과 연결되는데, 완성되면 태화강역-포항역-신강릉역(강원도)까지 급행열차와 준고속열차를 이용해 이동할 수 있게 된다.

■중앙선

중앙선은 청량리(서울)-원주-제천-태화강역(울산)-부전역(부산)까지 연결되며 준고속열차가 운행될 예정이다. 청량리-원주, 원주-제천 구간은 이미 개통되었고 남은 구간이 개통하면 청량리역서부터 부전역까지 3시간여 만에 오갈 수 있게 된다. 서울과 부산을 연결하는 기존 KTX와 경부선 외에 새로운 준고속열차가 도입되는 것이다.

■경전선

경전선은 전라도(광주송정 및 임성리)와 부산(부전역)을 연결하는 노선이다. 전 구간이 완성되면 급행으로 준고속열차가 운행될 계획이다. 2019년 1월 광주송정-순천 전철화 사업이 예비타당성 조사 대상으로 선정되었다. 지지부진했던 사업이 예비타당성 조사가 시작되면서 기대감이 한층 높아졌다.

동해남부선, 동해선, 중앙선, 경전선이 만나는 부전역은 일반철도의 중심으로서 복합환승센터 개발사업이 진행될 가능성이 높다.

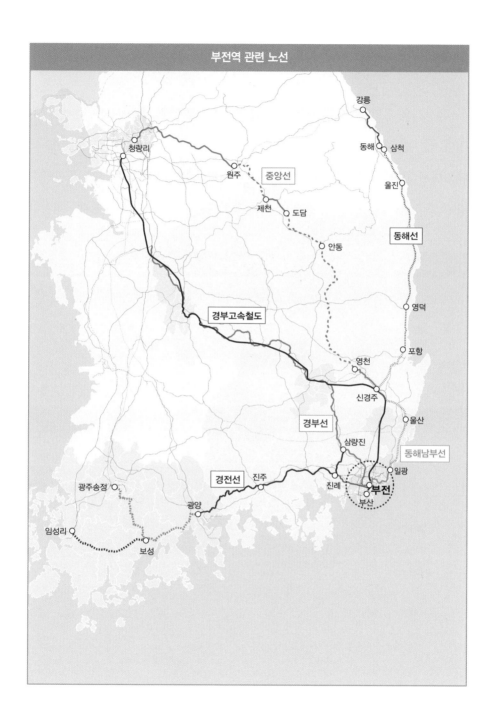

강릉

동해　삼척

청량리

원주　중앙선

울진

제천　도담

동해선

안동

경부고속철도

영덕

포항

영천

신경주

울산

경부선

삼랑진

동해남부선

경전선　진주

일광

광주송정

진례

부전

광양

부산

임성리

보성

울산KTX 역세권 사업

울산시는 우리나라의 대표적인 공업도시로 고소득자 비율이 상당히 높은 곳이다. 하지만 시내에 여가 및 소비를 즐길 수 있는 시설이 많지 않고, 그나마도 노후되면서 시민들의 발길이 줄었다. 시내에 위치한 울산 현대백화점 외에 마땅한 쇼핑 및 각종 생활 편의시설이 없어 이미 복합환승센터로 자리잡은 동대구역이나

부산역으로 소비층이 빠져 나가고 있는 상황이다. 그래서 역세권 개발사업을 통해 유동인구를 흡수하고 소비층이 외부로 유출되지 않도록 체계적인 개발에 돌입했다.

울산시는 도시 경쟁력을 높이고자 울산KTX역세권 개발 사업과 태화강역 복합환승센터 사업에 주력하고 있다. 울산은 광역시 중 유일하게 도심권 철도가 없기 때문에 자가용이나 버스로 이동이 필수적인 지역이다. 특히 수도권으로 이동할 때는 태화강역(전 울산역)에서 새마을호나 무궁화호를 이용해야 했는데 울산KTX역이 개통하면서 접근성이 상당 부분 개선되었다.

그럼에도 울산KTX역은 울산 중심 주거지역과 거리가 멀리 떨어져 있어 여전히 불편함이 있다. 울산 내에는 지하철이 없기 때문에 시내에서 울산KTX역에 가기 위해서는 버스나 택시, 자가용 등으로 기본 40분 이상 소요된다. 출퇴근 시간이나 주말에는 극심한 차량 정체로 1시간에서 1시간 30분 정도 소요되기도 한다. KTX에 탑승하기 위해 2시간 전에 출발해야 한다는 단점이 있다.

울산시는 2010년 울산KTX역을 개통했고 최우선으로 역세권 개발 사업의 일환인 복합환승센터 설립에 심혈을 기울이고 있다. 2018년 1월 울산역 복합환승센터 사업이 승인되면서 전시컨벤션, 복합쇼핑몰, 신축 아파트, 교통 편의시설(주차장, 환승 도보 데크) 등을 배치하여 완벽한 복합환승센터 사업을 추진하고 있다. 또한 울산KTX역에 접근하기 위한 관문 역할을 하게 될 신복로터리는 2019년 6월에 발표된 제1차 울산광역시 도시철도망 구축계획 노선 1번과 4번이 만나는 곳이다. 이뿐만 아니라 BRT, 시외버스, 고속버스, 시내버스가 모여드는 교통 결절점 역할을 하게 될 것으로 기대된다.

태화강역 복합환승센터

태화강역은 울산KTX역이 개통되기 전 울산역으로 불리던 곳이었다. 그만큼 유동인구가 많던 곳인데 울산KTX역이 개통되면서 상대적으로 외면받았다. 하지만 태화강역은 동해남부선 중앙선 개통과 함께 2019년 10월에 발표된 광역교통대책에서 복합환승센터 건설 지역으로 언급되면서 이전의 모습을 되찾을 것이라는 기대가 커졌다. 특히, 신복로터리에서 출반하는 울산 트램 1호선과 BRT의 종점으로 선정되면서 울산 내 교통의 핵심 지역으로 변화하고 있다. 또한 중앙선 개통과 함께 서울 청량리까지 운행하는 준고속열차가 들어오게 되면서 위상이 높아질 것으로 전망된다.

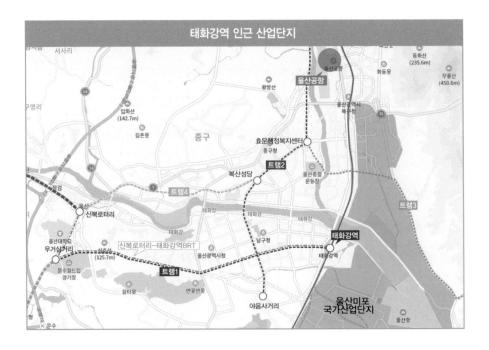

교통만 모여든다고 그 지역이 발전하기는 힘든 것이 현실이다. 인근에 양질의 일자리가 많아져야 가치를 재평가받을 수 있는데, 태화강역 인근에 자리 잡은 국가산업단지인 미포산업단지가 국토교통부와 산업통상자원부에서 지원하는 노후 산단 경쟁력강화사업 대상단지에 선정되면서 울산 지역 경제 발전에 핵심 거점으로 개발될 예정이다. 태화강역을 중심으로 교통 인프라가 집중되면서 미포산업단지의 사업성이 더욱 높아질 것으로 예측된다. 이와 함께 사업이 완료되면 태화강역을 중심으로 인근의 가치도 함께 상승할 것으로 전망된다.

서대구역 복합환승센터

전작에서 복합환승센터의 중요성을 설명하기 위해 동대구역 상황을 예로 든 바 있다. 교통 인프라가 완성되면 대규모 상업시설이 들어서게 되고 인근에 거주하려는 사람도 많아진다. 전작이 출간된 지 2년이 지난 현재, 실제로 노후화가 심각했던 신암뉴타운은 신축 아파트 단지로 탈바꿈하고 있다.

동대구역 못지않게 기대를 모으고 있는 곳이 서대구역 복합환승센터다. 서대구역 인근은 대구의 대표적인 산업단지들에 둘러싸여 있다. 서대구산단, 염색산단, 성서산단 등과 인접해 있다. 고속철도 경부선이 지나가긴 하

는데 KTX가 정차했으면 더욱 발전할 수 있었지만 현재 화물열차만 정차하고 있다.

2018년 12월 서대구역에 고속철도 역사 신축공사가 착공하면서 인근 지역에는 많은 변화가 생길 것으로 기대된다. 중심에는 서대구역 복합환승센터 개발 계획이 있다. 서대구역에는 고속철도, 대구권광역철도와 함께 대구산업선과 대구-광주달빛내륙철도, 통합신공항연결철도 그리고 트램 사업이 추진된다.

또 서대구역에 전국 네 번째로 도심공항터미널 조성을 계획하고 있다. 공항이 아닌 도심에서 출국 수속이 가능하고 짐을 편리하게 운송할 수 있는 시스템이 제공된다. 현재 도심공항터미널은 서울역, 삼성역 그리고 광명역에 위치해 있다. 일반적으로 도심공항터미널은 쇼핑시설과 함께 만들어지는데 서울역은 롯데아웃렛, 삼성역은 코엑스와 현대백화점 그리고 광명역은 이케아, 롯데쇼핑몰, 코스트코가 자리 잡고 있다. 서대구역 복합환승센터에 만들어질 도심공항터미널도 비슷한 쇼핑시설을 갖추게 된다면 명실상부한 랜드마크로서 손색이 없을 것이다.

■ 서대구산단 재생사업

서대구 국가산업단지가 재생사업단지로 선정되면서 빠르게 변하고 있다. 이미 서대구산업단지 동남주물공업 이전 부지에는 '디센터(D-center) 1976'이라는 지식산업센터가 준공됐다. 고가의 장비를 공유하고 오피스 공간을 제공하며 시제품 제작을 돕는 등 스타트 기업을 지원하는 앵커시설들이 조성되고 있어 산단 재생산업에 긍정적 영향을 줄 것으로 예상된다.

북쪽에 위치한 염색공단에도 재생사업이 계획되어 있으며 서대구산단과 연결하여 안경 공학 관련 산업의 메카로 조성된다. 대구시는 2018년 염색공단 내 안경테 표면처리센터 건립공사 설계용역을 발주하고 현재 공사를 진행하고 있다.

2019년 발표된 예비타당성 면제 노선에 대구산업선이 포함되면서 현재 기본계획 수립을 진행하고 있다. 자세한 내용은 뒷부분의 예비타당성 면제사업이 갖는 의미 부분에서 참고하길 바란다. 여기에 인근에 대구 도시철도 2·3호선이 운행 중이며 순환선인 대구 4호선 또한 인근에 계획되어 있다. 도로로는 경부고속도로, 중부내륙고속도로가 인접해 있어 추가적으로 도로 인프라 건설이 필요 없어보인다.

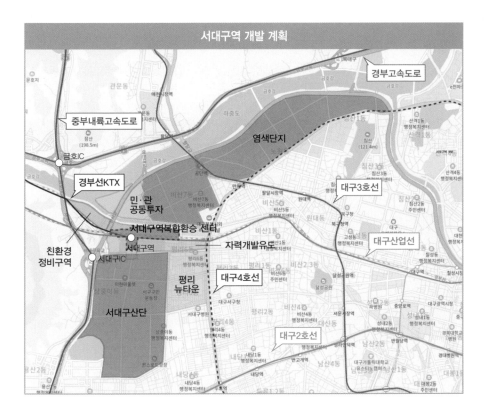

여기서 잠깐 평리재개발구역을 주목해 보자. 산단 근로자들의 배후 주거지이 자 서대구역을 도보로 이동할 수 있는 유일한 곳이라서 많은 투자자들의 관심을 받고 있다.

철도와 도로가 모여드는 곳에 양질의 일자리를 제공할 수 있는 산단이 위치 해 있다 보니 대구시에서도 적극적인 투자를 하고 있다. 2019년에는 민간자본과 국·시비를 포함하여 총 14조4,000억 원을 투자하여 서대구역 인근 약 30만 평을 개발한다는 계획을 발표했다. 민관공동투자개발구역과 자력개발유도구역, 친환 경정비구역 등으로 세분화하여 개발할 예정이다.

민관공동투자개발구역은 공공이 기반시설을 확충하고 민간자본 투자를 통해 가장 우선으로 개발되는 핵심구역으로 복합환승센터와 공연·문화시설이 건설된 다. 노후된 달서천 하수처리장, 북부 하수처리장과 염색폐수1 처리장과 2처리장이

대구—광주 달빛내륙철도

북부 하수처리장 위치로 통합·지하화된다. 하·폐수 처리시설을 첨단화·현대화하고 상부는 친환경 생태문화공원으로 조성함으로써 문화공간을 만들겠다는 계획이다.

또한 하수처리장과 염색폐수 처리장이 이전한 부지는 첨단벤처밸리와 종합스포츠타운, 주상복합타운을 건설할 예정이다. 그리고 서대구역세권 개발 사업 대상 지역을 거점으로 염색산업단지는 친환경 염색산업, 제3산업단지는 로봇산업, 서대구산업단지는 융·복합 스마트 섬유 클러스터로 변신시켜 양질의 일자리를 창출할 계획이다.

지금까지 복합환승센터에 대하여 알아봤다. 전작에서도 언급한 곳은 제외하고 비수도권 지역을 중심으로 소개했는데, 원도심 개발로 인한 영향력은 얼마나 클까에 집중하면서 진행 상황을 꾸준히 살펴보길 바란다. 이미 인프라가 조성되어 있는 곳을 개발하면 적은 예산으로 효율을 극대화할 수 있다. 이는 국토균형발전이라는 정부의 큰 방향성과 일치하기 때문에 빠르게 진행될 가능성이 크며, 인근 지역의 경기에도 큰 영향을 미칠 것으로 예상된다.

효율성 높은
신개념 교통수단 BRT

많은 투자자들이 착각하고 있는 것이 있다. 지하철이 개통되는 지역 모두 수혜를 입는다고 생각하는 것이다. 신규 지하철은 많은 이들의 관심과 기대를 한 몸에 받지만 현실은 냉혹하다. 대표적인 사례로 소사-원시선, 우이-신설선, 의정부경전철, 용인경전철 등이 개통했을 때 생황을 생각하면 쉽다. 기존 교통체계와 비교했을 때 혁신적으로 편리해지지 않는다면 오히려 외면을 받기도 한다.

직장인들이 출퇴근을 할 때 정시성이 확보되는 지하철을 선호한다고 하지만, 인천의 경우 시내에서만 연결되는 인천1·2호선보다 서울과 연결되는 광역버스나 BRT 정류장 인근에 대한 선호도가 더 높다. 광역버스보다 한 단계 업그레이드 된 간선급행버스인 BRT가 제대로 자리 잡는다면 어떤 현상이 발생할까?

수도권 BRT의 파괴력

■ **광역형** : 대도시권에서 도시와 도시를 연계하는 간선교통수단으로 노선 길이가
도심형에 비해 길다.
■ **도심형** : 도심의 주요 교통축을 대상으로 구축된 노선으로 기존에 운영하고 있는
광역 · M버스보다 신속하고 대규모 수송이 가능하다.
■ **전용형** : 차량, 주행로, 정류장 등이 하나의 단일 시스템으로 형성되어 다른 버스
의 진출입이 불가능하여 경전철과 비슷한 편의성을 제공하는 독립된 시
스템이다.
■ **혼용형** : BRT 인프라 구축 후 구간의 일부 혹은 전부를 기존 버스노선이 운행하
는 시스템이다

수도권의 수많은 철도 노선은 많은 사람들의 발이 되어 주고 있지만 아직도 지역 간 교통 양극화가 완전히 사라진 것은 아니다. 게다가 대책 마련이 시급한 지역 중 대부분은 신규노선 계획이 없거나 계획은 있지만 사업성이 낮아 예비타당성 조사를 통과하지 못했다.

이런 곳을 중심으로 BRT 연결 계획이 수립되었다. 철도를 건설하는 것과 비교했을 때 적은 비용으로 고효율의 효과를 볼 수 있기 때문이다. 특히 수도권에 계획되어 있는 BRT의 경우 노선을 겹쳐보면 현재 운영 중이거나 운영 예정인 중앙버스전용차로와 연결되는 것을 확인할 수 있다. 한두 번 환승으로 수도권 외곽지역에서 서울 중심부로 빠르게 접근할 수 있게 됐다.

그럼 BRT와 중앙버스전용차로가 만나는 곳에는 어떤 일이 생길까? 그리고 전철역 환승까지 가능한 곳은 어떻게 개발될까? 2018년 서울시는 의미심장한 자료

를 발표했다. 바로 경기-서울 접경지역 12곳을 관문도시로 개발하겠다는 내용이다. 그럼 왜 이 시점에 접경 지역을 관문 도시로 개발한다고 발표했을까? 서울에는 사람·교통·물류가 흘러들어 오는 경기도와의 주요 접경지들이 있다. 사당, 도봉, 수색, 온수 등 서울 외곽의 경계지역이 바로 그것이다. 이들 지역은 매일 출퇴근 250만 명의 인구가 이동하는 관문도시로 광역버스 환승정류장 역할을 겸하는 곳이 많다. 하지만 도시의 과도한 팽창을 막기 위해 1970년대부터 시작된 개발억제 정책으로 50년 가까이 낙후지역으로 방치되어 왔다. 교통의 결절점 역할을 하지만 개발과는 거리가 먼 지역이었다.

오른쪽 그림은 12개 관문도시를 표시한 것이다. 관문도시는 1~3단계로 구분해서 개발할 계획인데, 먼저 사당역을 시범사업으로 진행하고 있다. 특히 주목할 것은 관문도시를 연결해주는 선들인데, 바로 중앙버스전용차로를 표시한 것이다. 이들 중앙버스전용차로 끝에 관문도시 12곳이 위치한다.

앞서 중앙버스전용차로와 BRT노선이 연결된다고 언급했는데 이렇게 되면 관문도시는 BRT와 중앙버스전용차로가 만나는 접점 역할을 하게 된다. 즉, 수도권 외곽지역에서 BRT를 이용하여 한 번의 환승으로 서울 중심부 접근이 가능하다는 말이다. 또한 관문도시는 기존에 지하철이 운행하거나 착공 계획이 있는 역이 위치해 있어 복합환승센터로 그 영역이 확장될 수 있다.

관문도시 중 하나인 석수역 인근을 살펴보자. 현재 1호선 경부선과 중앙버스전용차로가 운행하고 있으며 강남순환고속도로, 수원-광명고속도로, 서해안고속도로, 제2경인고속도로, 안양-성남고속도로가 만나는 접점 역할을 하고 있다. 여기에 신안산선이 착공되며 교통의 중심지로 부각하고 있다. 또한 경기 서남부 복

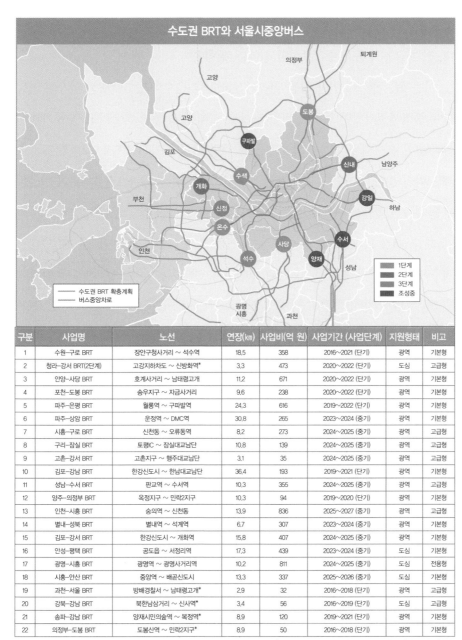

수도권 BRT와 서울시중앙버스

구분	사업명	노선	연장(km)	사업비(억 원)	사업기간 (사업단계)	지원형태	비고
1	수원–구로 BRT	장안구청사거리 ~ 석수역	18,5	358	2016~2021 (단기)	광역	기본형
2	청라–강서 BRT(2단계)	고강지하차도 ~ 신방화역*	3,3	473	2020~2022 (단기)	도심	고급형
3	안양–사당 BRT	호계사거리 ~ 남태령고개	11,2	671	2020~2022 (단기)	광역	기본형
4	포천–도봉 BRT	송우지구 ~ 자금사거리	9,6	238	2020~2022 (단기)	광역	기본형
5	파주–은평 BRT	월롱역 ~ 구파발역	24,3	616	2019~2022 (단기)	광역	기본형
6	파주–상암 BRT	운정역 ~ DMC역	30,8	265	2023~2024 (중기)	광역	기본형
7	시흥–구로 BRT	신천동 ~ 오류동역	8,2	273	2024~2025 (중기)	광역	고급형
8	구리–잠실 BRT	토평IC ~ 잠실대교남단	10,8	139	2024~2025 (중기)	광역	고급형
9	고촌–강서 BRT	고촌지구 ~ 행주대교남단	3,1	35	2024~2025 (중기)	광역	고급형
10	김포–강남 BRT	한강신도시 ~ 한남대교남단	36,4	193	2019~2021 (단기)	광역	기본형
11	성남–수서 BRT	판교역 ~ 수서역	10,3	355	2024~2025 (중기)	광역	고급형
12	양주–의정부 BRT	옥정지구 ~ 민락2지구	10,3	94	2019~2020 (단기)	광역	기본형
13	인천–시흥 BRT	숭의역 ~ 신천동	13,9	836	2025~2027 (중기)	광역	고급형
14	별내–성북 BRT	별내역 ~ 석계역	6,7	307	2023~2024 (중기)	광역	기본형
15	김포–강서 BRT	한강신도시 ~ 개화역	15,8	407	2024~2025 (중기)	광역	기본형
16	안성–평택 BRT	공도읍 ~ 서정리역	17,3	439	2023~2024 (중기)	도심	기본형
17	광명–시흥 BRT	광명역 ~ 광명사거리역	10,2	811	2024~2025 (중기)	도심	전용형
18	시흥–안산 BRT	중앙역 ~ 배곧신도시	13,3	337	2025~2026 (중기)	도심	기본형
19	과천–서울 BRT	방배경찰서 ~ 남태령고개*	2,9	32	2016~2018 (단기)	광역	고급형
20	강북–강남 BRT	북한남삼거리 ~ 신사역*	3,4	56	2016~2019 (단기)	도심	고급형
21	송파–강남 BRT	양재시민의숲역 ~ 복정역*	8,9	120	2019~2021 (단기)	광역	기본형
22	의정부–도봉 BRT	도봉산역 ~ 민락2지구*	8,9	50	2016~2018 (단기)	광역	기본형

※ *표시는 공사 또는 실시설계 또는 개통예정 중인 사업임.
(출처 : 대도시권광역교통위원회 간선급행버스체계과 자료)

합환승센터 역할을 하게 될 광명KTX역이 인근에 있어 간접효과까지 누릴 수 있다. 점차 교통의 중심지로 부상하고 있는 것이다.

이번에는 온수역 인근 교통상황을 살펴보자. 온수역은 1·7호선 환승이 가능한 더블역세권이지만 인근에 럭비 경기장, 물류창고 등이 가로막고 있어 개발이 어려웠다. 온수역세권 개발 사업과 함께 해당 시설이 이전되면서 온수역은 한 단계 도약할 준비를 마쳤다. 여기에 BRT(인천-여의도)와 중앙버스전용차로가 만나는 교통 결절점 역할을 하게 되면서 그 위상은 더욱 높아질 것으로 기대한다.

계양-대장 BRT(김포공항역-박촌역-부천종합운동장역)는 3기 신도시 계양·대장 지구 발표 때 교통대책으로 포함된 노선이며, GTX-B, 7·9호선, 대곡-소사선(서해선) 등 인근 주요 지하철역으로 연결된다.

경인고속도로 일반화 사업과 함께 탄력을 받는 인천BRT(인하대-서인천)는 경인고속도로 청라-강서BRT와 연결되어 인천과 서울 간 광역접근성을 개선하는 데 큰 역할을 할 것이다.

성남BRT(남한산성입구-모란역사거리)는 산성대로의 버스노선을 개선하여 만들어질 예정인데, 분당선, 8호선과 접근성을 높여 판교와 잠실로 진입이 편리해질 것으로 예상된다.

이처럼 적은 비용으로 큰 효과를 얻을 수 있는 BRT의 활용은 서울 및 수도권만의 관심사가 아니다. 국토종합계획이 추구하는 균형발전에 걸맞게 지방 주요 도시에도 도입될 예정이다. 구체적인 노선은 다음의 그림을 참고하길 바란다.

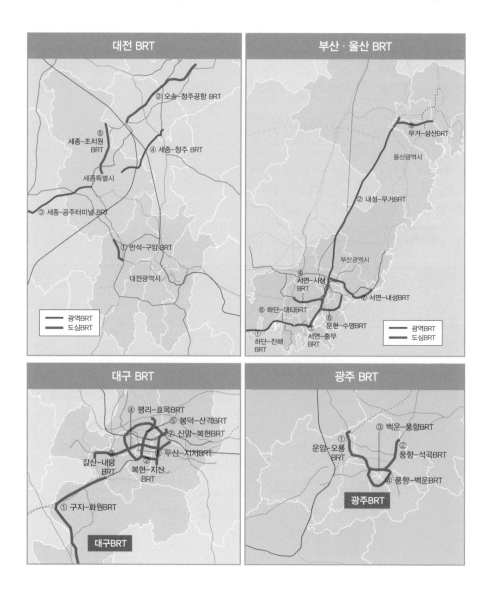

대전 BRT

구분	사업명	노선	연장(km)	사업비(억 원)	사업기간 (사업단계)	지원형태	비고
1	반석―구암 BRT	반석역 ~ 유성복합터미널	6.6	235	2019~2020 (단기)	도심	기본형
2	오송―청주공항 BRT	오송역 ~ 청주국제공항	16.4	583	2019~2024 (단기)	도심	기본형
3	세종―공주터미널 BRT	정부청사 ~ 공주시내버스터미널	15	534	2022~2025 (중기)	광역	기본형
4	세종―청주 BRT	행복도시 ~ 청주터미널	25.7	914	2023~2026 (중기)	광역	기본형
5	세종―조치원 BRT	행복도시 ~ 홍익대학교	16	570	2022~2024 (중기)	광역	기본형

(출처 : 대도시권광역교통위원회 간선급행버스체계과 자료)

부산·울산 BRT

구분	사업명	노선	연장(km)	사업비(억 원)	사업기간 (사업단계)	지원형태	비고
1	하단―진해 BRT	하단교차로 ~ 진해 용원삼거리	15.9	392	2024~2027 (중기)	광역	기본형
2	내성―무거 BRT	내성교차로 ~ 무거삼거리	40.3	1,022	2023~2026 (중기)	광역	기본형
3	서면―충무 BRT	서면교차로 ~ 충무동교차로	8.6	236	2019~2020 (단기)	도심	기본형
4	서면―사상 BRT	서면교차로 ~ 서부터미널교차로	7.4	210	2020~2021 (단기)	도심	기본형
5	문현―수영 BRT	문현교차로 ~ 수영교차로	6.8	242	2023~2024 (중기)	도심	기본형
6	하단―대티 BRT	하단교차로 ~ 대티역	3.3	118	2024~2026 (중기)	도심	기본형
7	서면―내성 BRT	서면교차로 ~ 내성교차로*	5.9	180	2015~2019 (단기)	도심	기본형
8	내성―송정 BRT	내성교차로 ~ 송정삼거리*	14.5	450	2012~2018 (단기)	도심	기본형
9	무거―삼산 BRT	태화강역 ~ 신복로터리	11.0	440	2020~2022 (단기)	도심	기본형

※ *표시는 공사 또는 실시설계 또는 개통예정 중인 사업임.
(출처 : 대도시권광역교통위원회 간선급행버스체계과 자료)

대구 BRT

구분	사업명	노선	연장(km)	사업비(억 원)	사업기간 (사업단계)	지원형태	비고
1	구지―화원 BRT	달성2차산업단지~설화명곡역	25.3	709	2023~2025 (중기)	도심	기본형
2	복현―지산 BRT	복현오거리 ~ 황금네거리	16.2	454	2024~2025 (중기)	도심	기본형
3	갈산―내당 BRT	호림네거리 ~ 남평리네거리	8.1	227	2025~2026 (중기)	도심	기본형
4	평리―효목 BRT	신평리네거리 ~ 효목네거리	8.6	375	2019~2021 (단기)	도심	고급형
5	봉덕―산격 BRT	영대병원네거리 ~ 엑스코	9.1	255	2026~2027 (중기)	도심	기본형
6	두산―지저 BRT	두산오거리 ~ 대구공항	8.9	384	2022~2023 (중기)	광역	고급형
7	신암―복현 BRT	큰고개오거리 ~ 복현오거리	1.4	39	2022~2023 (중기)	도심	기본형

(출처 : 대도시권광역교통위원회 간선급행버스체계과 자료)

광주 BRT

구분	사업명	노선	연장(km)	사업비(억 원)	사업기간 (사업단계)	지원형태	비고
1	운암―오룡 BRT	동운고가 ~ 광주과학기술원	11	256	2023~2025 (중기)	도심	고급형
2	풍향―석곡 BRT	서방사거리 ~ 석곡동주민센터	6.7	168	2019~2021 (단기)	도심	고급형
3	백운―풍향 BRT	백운교차로 ~ 서방사거리	8.3	492	2024~2026 (중기)	도심	기본형
4	풍향―백운 BRT	서방사거리 ~ 백운교차로	6.0	356	2024~2027 (중기)	도심	기본형

(출처 : 대도시권광역교통위원회 간선급행버스체계과 자료)

수도권 급행열차
확대운행

　문재인 대통령은 후보 시절부터 '수도권 급행열차 확대운행'을 공약으로 내세 웠고, 취임 후 2019년 발표된 「대도시권 광역교통대책」에서도 꾸준히 급행열차를 확대를 위한 사업을 추진하고 있다.

　전국 주택보급률은 이미 100%를 넘어섰지만 대다수의 사람들이 거주하고 싶 어 하는 지역은 항상 주택이 부족하다. 특히 서울 시내 주택을 공급할 수 있는 택 지는 마곡지구를 마지막으로 더 이상 남아 있지 않은 상황이다. 그래서 정부는 3 기 신도시를 비롯한 수도권 외곽지역에 주택 공급을 위한 사업을 적극 추진하고 있다.

　하지만 주택만 공급한다고 해서 수요가 뒷받침되는 것은 아니다. 예를 들어 신분당선과 경부고속도로, 용인고속도로가 인접해 있어 강남 접근성이 뛰어난 판교의 경우 사람들의 꾸준한 관심을 받고 있지만, 상대적으로 운정과 김포는 상대적으로 집값이 저렴하다. 일자리가 집중된 서울 중심부까지 이동하는데 장시간이 소요된다면 대규모 신규공급을 한다고 해도 사람들은 이주를 거부할 것이다.

신도시가 자리 잡으려면 개선된 교통체계를 함께 지원해야 하는데 이를 위한 첫 번째 대책이 바로 GTX-A·B·C노선이다(GTX에 대한 자세한 내용은 전작 참조). 그리고 함께 마련된 대책으로는 기존선 급행열차 확대 운행이 있다. 2017년 7월 경인선(1호선), 경의선, 수인선, 안산선(4호선)에 광역 급행열차가 확대 운영을 시작했다.

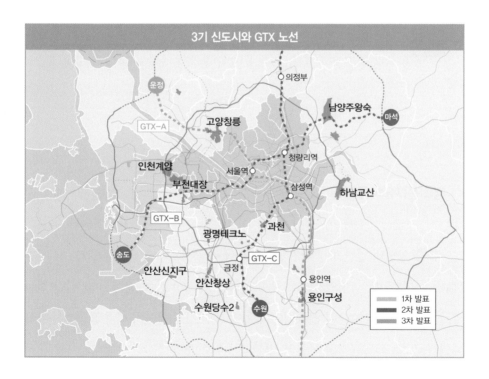

3기 신도시와 GTX 노선

경인선(용산-동인천)

1호선의 인천행 구간인 경인선에는 용산역에서 동인천역까지 낮 시간대(9~18시)에 특급 전동열차가 18회(상행 9회, 하행 9회) 신설·운행된다. 특급열차는 전체 26개 역 중 9개 역만 정차하게 되므로 동인천에서 용산까지 약 40분이 소요된다. 이는 일반 전동열차 대비 20분, 급행 전동열차 대비 7분의 시간 단축 효과를 거두는 것이다.

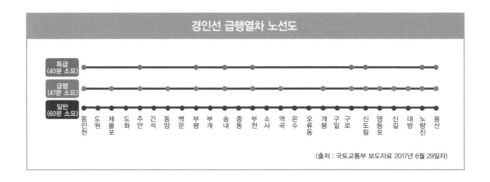

경의선(서울-문산)

경의중앙선의 일산 방향 구간인 경의선에서는 서울역에서 일산역까지 낮 시간대(9~18시)에 일반 급행열차가 10회(상행 5회, 하행 5회) 신설·운행된다. 일반 전동열차 대비 이동시간이 6분 단축되어 서울 동북부 지역 주민의 시내 접근성이 향상되었다. 또한 2018년 7월 서울역-일산역 구간에만 운영되었던 급행열차를 문산

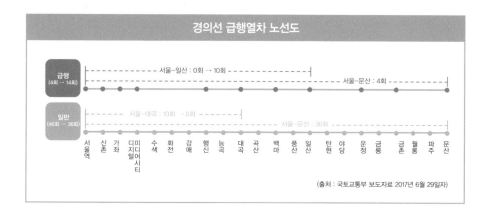

경의선 급행열차 노선도

(출처 : 국토교통부 보도자료 2017년 6월 29일자)

까지 확대운행하면서 교통 소외지역의 편의성을 높였다.

수인선(인천-오이도) 및 안산선(오이도-금정)

수인선 중 인천역에서 오이도역까지 운행하는 급행 전동열차가 출퇴근시간 (7~9·18~20시)대에 8회(상행 5회, 하행 3회) 신설·운행된다. 14개 역 중 7개 역만 정차하는 열차로, 인천역에서 오이도역까지 23분 가량 소요되면서 일반 전동열차 대비 7분 정도의 시간을 단축했다.

특히 수인선은 3단계 구간 연장(한대앞역-수원역) 공사가 2020년 완공을 목표로 공사 중이다. 이와 함께 수원역에서 시작되는 분당선에서도 급행열차 사업이 진행되면서 선릉·왕십리·청량리역으로의 접근성이 개선되어 노선 선호도가 향상될 것으로 생각된다.

4호선의 안산 방향 구간이자 수인선과 연결되는 안산선의 경우 현재 출퇴근

시간대(7~9 · 19~22시)에 8회(상행 5회, 하행 3회) 운행 중인 급행 전동열차의 시·종 착역을 안산역에서 오이도역까지 연장했다. 뿐만 아니라 수인선과 안산선의 급행 열차를 오이도역에서 바로 환승할 수 있도록 운행시간을 조정함으로써 이용객 편 의성을 높였다. 덕분에 인천에서 금정역까지 운행시간 단축(약 13분) 효과도 나타 나게 되었다.

2018년 7월 경인선, 분당선, 경의선, 경원선, 경부 장항선에 급행열차 운행을 추가·증편하면서 급행열차 운행은 확대 움직임은 가속화되고 있다. 지금까지 설 명한 노선이 추가 비용 없이 당장 시작할 수 있는 곳들이었다면, 그렇지 않은 곳 들은 다른 방법으로 급행철도 운행을 준비하기 시작했다. 바로 선로 증설작업이 그것이다. 경부선 금천구청역과 군포역에 급행열차가 지나갈 수 있도록 일반 열 차의 대피선 설치공사를 완료했으며 급행열차 운행 후 운행횟수 증가, 환승 시간 단축 등으로 이용객들의 출·퇴근이 더욱 더 편해졌다.

해당 사업이 진행되면서 가장 큰 수혜를 입는 역은 금정역이다. 금정역은 1 · 4 호선 환승이 가능하며, GTX-C노선이 운행하게 되면 트리플역세권으로 더욱 집

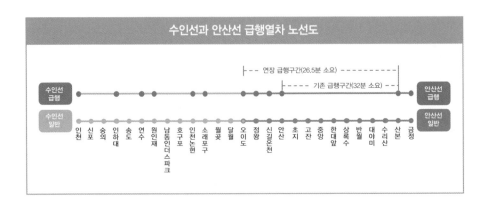

84 ▪ IGO빡시다의 돈되는 개발호재 핵심정리

중조명을 받게 될 것이다. 예전에 금정역은 완행열차만 운행했었다. 당연히 급행열차 정차역과 비교할 때 배차 간격과 이동 시간이 길 수밖에 없지만, 경부선 확장공사로 급행열차가 정차하고 있다. 추가로 운행중인 급행열차는 청량리 또는 광운대역까지 바로 운행되어 중간에 일반열차로 갈아타야 하는 번거로움이 줄어들고 이로 인해 환승 시간도 절감했다.

완행열차 역세권의 위기

급행열차를 증편하게 되면 모든 곳이 다 좋아질까? 급행열차가 정차하는 역은 배차 간격도 줄어들고 빠르게 목적지까지 이동할 수 있기 때문에 편의성이 개선된다. 하지만 급행열차가 지나가는 것만 구경해야 하는 완행정차역은 어떻게 될까?

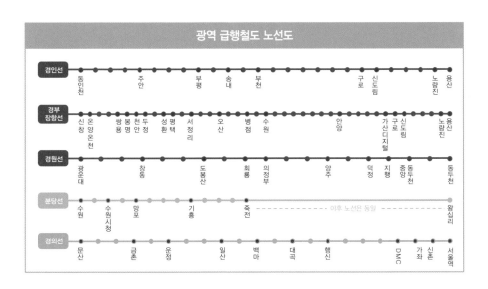

서울 9호선을 생각해 보자. 급행열차를 타기 위해서는 급행이 정차하는 역으로 가야 한다. 내가 사는 곳에는 완행정차역밖에 없다면 일단 급행정차역까지 가서 내린 후 환승해야 한다. 이러한 불편함 때문에 사람들은 급행역 인근을 더욱 선호할 수밖에 없는 것이 현실이다.

매년 발표되는 급행열차 운행 관련 보도자료를 살펴보면 이용객이 점차 감소하는 완행역에 대한 대책으로 "필요시 운행시간을 조정하는 등 지속해서 보완하고 개선해 나갈 계획이다"라는 말만 되풀이 하고 있다. 뒤집어 생각하면 마땅한 대책이 없다는 뜻으로 풀이될 수밖에 없다. 그럼 과연 비슷한 일이 철도에 대해서만 일어날까? 이렇게 급행화가 진행되는 곳 인근에 신규 철도나 BRT가 생기면 그 지역은 어떻게 될지 생각해 볼 필요가 있다.

왼쪽 그림은 의왕시 및 군포시 일대를 보여주고 있다. 현재는 군포나 당정 부

근이 오전이나 고천보다 선호도가 높다. 지하철 1호선을 이용할 수 있기 때문이다. 그런데 현재 설계 진행중인 인덕원-동탄선이나 수원 장안구 청사거리부터 구로디지털단지역까지 BRT가 운행하게 되면 어떤 변화가 생길까? 수원-구로BRT를 이용하면 오전이나 고천에서 서울 중심부로의 접근성이 개선되며, 인덕원-동탄선을 이용하면 동탄역과 인덕원역으

로의 접근이 한층 편리해진다. 특히 오전역은 인덕원-동탄선의 급행열차가 정차하는 곳이며 오전·고천 재개발 사업으로 인해 신축 아파트까지 공급되고 있다. 이런 상황에서 사람들은 여전히 금정역이나 군포역를 선호할까? 금정역의 경우 급행열차가 운행되며 GTX-C노선까지 정차할 예정이다. 하지만 완행만 정차하는 군포역(급행은 출퇴근 시간에 시간당 1대 운행)이나 당정역은 어떨까?

이번엔 좀 더 북쪽에 위치한 독산역과 석수역을 살펴보자. 현재는 1호선만 운행되지만 바로 옆에 공사 중인 신안산선의 독산역, 시흥사거리역, 석수역이 위치하고 있으며 수원-구로BRT도 계획되어 있다. 그만큼 1호선의 영향은 감소할 전망이다. 신안산선과 1호선이 환승되는 석수역은 관문도시로 선정된 만큼 입지를 공고히 할 것으로 생각된다. 그에 반해 금천구청역, 독산역의 경우 교통 편의성 측면에서만 살펴보면 수요가 이동할 가능성이 있다. 물론 이 지역의 미래가치는 교통만 살펴볼 문제는 아니다. 이에 대한 내용은 뒷부분에서 다시 한번 다룰 예정이다.

지상과 지하를 오가는 불편함을 감수하면서도 사람들이 전철을 선호하는 이유는 정시성과 편리성 때문이다. 하지만 BRT라는 강력한 교통체계가 전철역 인근에 개통하게 되면 사람들의 관심은 어디로 옮겨가게 될까? 수도권 외곽지역일수록 BRT의 영향력이 클 것으로 예측된다. 그렇다면 제2외곽순환도로가 완전 개통되는 시점에 외곽순환도로에도 버스환승센터가 운영되면 BRT는 어떤 영향을 받을까? 전작에서도 상세히 언급했지만, 개발호재나 지역은 사람들이 관심을 갖고 빈번하게 이용을 해야 힘을 발휘하게 된다는 점을 잊지 말자. 그리고 이를 위해서는 새로 생길 교통호재가 혁신적인 편리함을 가져다 주어야 한다.

예비타당성 면제 사업이 갖는 의미

—

국토 불균형 해소는 5차 국토종합계획을 꿰뚫는 핵심 어젠다(agenda)라고 할 수 있다. 2019년 국토에 대한 전문가 의식조사에서는 국토의 현안문제로 격차 60%, 부조화 29.1%, 단절 6.8%가 꼽혔을 정도다. 제5차 국토종합계획에서는 균형발전을 이루기 위해서 지역이 가진 잠재력을 극대화하여 자립적 성장기반을 마련함으로써 중앙 대 지방, 지방 대 지방 간의 경제·사회적 격차를 해소하기 위해 다양한 정책과 사업을 마련하겠다고 밝혔다.

예비타당성 면제사업은 국토 불균형 해소라는 핵심 어젠다와 궤를 같이 하는 사업이라고 할 수 있다. 대규모 프로젝트에서 실시하는 예비타당성 조사에서 비수도권 지역이 통과하기 어려운 것은 어쩔 수 없는 현실이다. 인구가 적고 공공 인프라가 취약한 지역일수록 사업에 참여할 수 있는 기회를 얻지 못한다. 이로 인

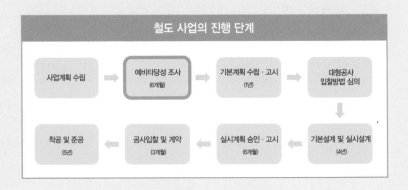

철도 사업의 진행 단계

사업계획 수립 → 예비타당성 조사 (6개월) → 기본계획 수립·고시 (1년) → 대형공사 입찰방법 심의

기본설계 및 실시설계 (4년) → 실시계획 승인·고시 (6개월) → 공사입찰 및 계약 (3개월) → 착공 및 준공 (5년)

해 공공 인프라 구축 지연, 젊은 층 인구가 유출되는 등 악순환이 지속되고 있다.
따라서 예비타당성 조사를 면제받는 사업은 지방 균형발전에 직접적으로 영향을
미칠 사업이라는 뜻이기도 하다.

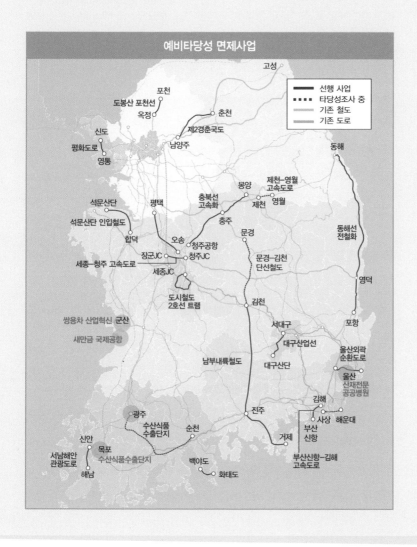

전작에서 철도 사업은 어떤 단계를 거쳐 진행되는지 살폈는데, 두 번째 단계로 실시되는 예비타당성 조사는 대규모 공공투자사업을 할 때 우선순위를 선정하고 예산을 효율적으로 분배하기 위해 경제적·정책적 타당성을 미리 검토하는 단계라고 할 수 있다. 조사 기간은 대략 15개월 정도 소요되는데 예비타당성 조사에서 중요하게 봐야 할 것은 B/C(Benefit/Cost)와 AHP(Analytic Hierarchy Process)라는 두 가지 지표다. B/C는 주로 경제성이 있는가를 나타내는 것으로 숫자가 1.0 이상이면 통과된다. AHP는 정책성 타당성, 즉 지역균형발전이나 낙후도 등의 사항을 종합하여 판단하는 것으로 숫자가 0.5 이상이면 통과된다. 자세한 내용은 전작을 참고하길 바란다.

수도권은 원칙적으로 예비타당성 면제 사업에서 배제됐다. 유일하게 포함된 노선은 수도권 중에서도 경기 북부 철도 지원사업인 도봉산~포천 구간 7호선 연장뿐이다. 이 역시 예비타당성 면제 사업의 핵심은 국토균형발전임을 보여준다. 또한 국가 철도망 구축계획에서도 언급된 '단절구간을 연결하는 노선'들이 대거 포함됐다. 그밖에도 철도와 도로가 만나는 거점에 R&D 투자 시설을 만들고, 산업단지와 연계된 교통망을 확충하는 등 지역 전략산업 육성과 인프라 구축으로 소외된 지역을 발전시키는 전략도 이번 발표에 포함됐다.

■ 석문산단 인입노선 & 세종-청주고속도로

석문산단 인입노선은 대산항까지 확장될 노선이며 현재 공사 중인 서해안 복선전철과 연결되고 이후 대곡-소사-원시선, 신안산선과 연결되는 서해안벨트 개발의 핵심 철도 노선이라고 할 수 있다. 도로로는 대산-당진고속도로 설계가 한참 진행 중이고 현재 운행하고 있는 당진-영덕고속도로, 상주-영천고속도로와 연결

석문산단과 동서 연결 도로망

되어 세종–청주고속도로 건설까지 완료되면 최단시간 국토의 동서를 오갈 수 있
는 도로노선이 완성된다.

수도권에서 이와 비슷하게 비교할 수 있는 노선으로는 안양–성남고속도로 라인
이다. 영동 지역으로 이동할 때 그동안 수도권 외곽순환도로와 영동고속도로를
이용해 이동했었는데 차량 정체가 심했었다. 안양–성남고속도로 개통으로 최단
거리, 빠른 접근성이 확보되면서 두 지역 간 연결이 편리해졌다. 해당 도로와 철
도는 국토의 동서를 연결하는 최단거리 교통망을 조성한다는 점이 유사하다.

노선과 함께 주목할 곳은 대산항이다. 서쪽의 대산항과 동쪽의 포항항이 한 번
에 연결되면서 물류 노선의 가치가 높아지면 정부에서도 항구 개발에 더욱 집중
할 것으로 예상된다. 기획재정부에서 발표한 2019년 정책 방향 보도자료를 살펴

보면 대산산업단지 내 HPC공장(중질유 원유·석유화학단지) 건설 사업이 포함되어 있는데, 이는 도로와 철도 인프라 건설 사업과 함께 대산항 개발에 집중하겠다는 신호로 받아들일 수 있다.

■ 대구산업선

대구산업선은 대구의 중심 산업단지를 연결하는 노선이다. 현재 운영 중인 중부 내륙고속도로와 광주–대구고속도로가 인접해 있어 산업단지 개발에 대한 기대 감이 고조되고 있다. 서대구역과 직결되는 노선이며 서대구역 복합환승센터 사

업의 영향과 함께 인근 지역 부동산 시장에 훈풍을 불어넣을 것으로 기대되는 노선이다.

■ 남부내륙고속철도

현재 공사하고 있는 이천–문경선과 예비타당성 조사 대상에 선정된 문경–김천 구간이 완성되면 수도권으로 진입할 수 있는 철도 노선이 완성된다. 현재 운행하고 있는 성남–여주복선전철, 설계 단계인 월곶–판교선, 인철발KTX와 함께 수서–광주선이 연결되면 고속열차로 수도권에 접근할 수 있어 편의성이 높아질 것으로 보인다.

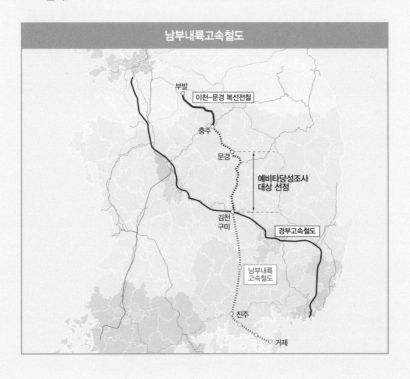

남부내륙고속철도의 최대 수혜지로 경상남도 거제시가 꼽힌다. 거제시는 지자체 규모보다 상대적으로 교통망이 부족해 도로를 통해서만 수도권으로 진입할 수 있었다. 이번 남부내륙고속철도가 연결되면 수도권까지 2시간대 접근이 가능해지면서 교통의 편의성이 크게 높아질 것이다. 또한 경전선과 만나는 진주역의 경우 인근에 남해고속도로, 통영-대전고속도로가 인접해 있어 거제시와 함께 주목해 볼 지역으로 생각된다.

■ 충북선 고속화

충북선 고속화 사업은 충청권과 강원권을 연결하는 철도로 충북선을 직선화하고 선로를 개량해 청주공항과 제천 철도망을 구축하는 것을 목표로 한다. 현재 충북

충북선 고속화 사업

선 고속화 사업의 일부 구간 천안–청주공항선의 경우 설계 단계에 돌입했다. 기존 노선을 개량하여 제천까지 연결하고, 제천에서 다시 중앙선과 연결하면 원주까지 한 번에 이동할 수 있게 된다. 원주–강릉 구간은 강릉KTX 선로를 이용하여 천안과 강릉을 한 번에 연결할 수 있다.

제천과 충주역 일대의 교통 편의성이 높아진다. 이천–문경선과 만나는 충주역의 경우 인근에 중부내륙고속도로가 인접해 있다. 중앙선, 태백선과 만나는 제천의 경우 인근에 중앙고속도로와 평택–제천고속도로가 인접해 있다.

■ 평택–오송 복복선

평택–오송 복복선은 최근에 발표한 제5차 국토종합계획 어젠다의 핵심이라고 할 수 있는 예비타당성조사 면제사업에서 마지막 방점을 찍는 사업이라고 평가받고 있다.

최근 많은 사람이 KTX와 SRT같은 고속열차를 이용하여 이동하고 있다. 도로 교통망을 이용할 때보다 신속성과 정시성을 확보할 수 있는 고속열차를 많이 이용하게 되는데 주말이나 연휴 같은 때는 좌석매진이 빈번하게 일어난다. 그렇지만 증편하기에는 무리가 있다. 서울역·용산역에서 출발하는 KTX와 수서역에서 출발하는 SRT의 경우 이미 한계에 가까운 운행을 하고 있는데, 이들이 평택–오송 구간을 공유하며 호남선과 경부선으로 갈라지게 된다. 아직 공유구간의 병목현상을 해결할 수 있는 마땅한 방법이 마련되어 있지 않아 증편하지 못하고 있다.

평택-오송 복복선은 이런 문제를 해결할 수 있는 대책으로 평가, 예비타당성 조사 면제 대상으로 선정되었다. KTX와 SRT의 경우 현재 하루 190회 운행하고 있는데 평택-오송 복복선이 완공될 경우 380회로 두 배 증편 운행이 가능해지고

상·하행선을 두 노선씩 운행할 수 있게 된다. 일단 고속철도 운행이 두 배 늘어

나면 서울역, 용산역, 수서역의 수요가 폭발적으로 늘어날 것은 당연하다.

이미 충분한 수요를 확보한 서울역 등을 제외하고 두 배로 운행이 늘어날 때 수

혜를 입을 지역은 어디일까? 바로 지방 복합환승센터 사업성이 크게 향상할 것

으로 예측된다. (자세한 내용은 전작과 해당 챕터 참고)

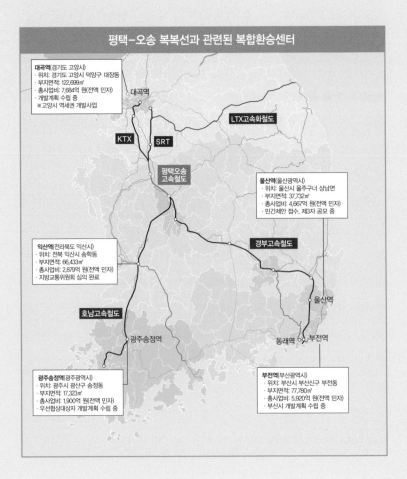

평택-오송 복복선과 관련된 복합환승센터

대곡역(경기도 고양시)
· 위치: 경기도 고양시 덕양구 대장동
· 부지면적: 122,699㎡
· 총사업비: 7,684억 원(전액 민자)
· 개발계획 수립 중
※고양시 역세권 개발사업

울산역(울산광역시)
· 위치: 울산시 울주구녀 상남면
· 부지면적: 37,732㎡
· 총사업비: 4,667억 원(전액 민자)
· 민간제안 접수. 제3자 공모 중

익산역(전라북도 익산시)
· 위치: 전북 익산시 송학동
· 부지면적: 66,433㎡
· 총사업비: 2,879억 원(전액 민자)
· 지방교통위원회 심의 완료

광주송정역(광주광역시)
· 위치: 광주시 광산구 송정동
· 부지면적: 17,323㎡
· 총사업비: 1,900억 원(전액 민자)
· 우선협상대상자 개발계획 수립 중

부전역(부산광역시)
· 위치: 부산시 부산신구 부전동
· 부지면적: 77,780㎡
· 총사업비: 5,920억 원(전액 민자)
· 부산시 개발계획 수립 중

대곡역
LTX고속화철도
KTX SRT
평택오송 고속철도
경부고속철도
울산역
호남고속철도
광주송정역
동래역 부전역

현재 지방 주요 거점에 세워지는 복합환승센터 사업과 관련된 사업들은 해당 노선을 통해 사업성이 크게 향상, 진행이 급물살을 타게 됐다. 거점 개발의 핵심사업인 복합환승센터 사업에 속도가 붙으면 인근 낙후된 지역에 재건축·재개발 사업에 활기를 불어넣어 줄 것이다.

익산역과 울산KTX역 그리고 광주송정역의 경우 현재의 경제성만 따져봤을 때 당분간 개선될 여지가 크게 없어 보인다. 하지만 고속열차 증편운행을 통해 유동인구가 증가한다면 다시 한 번 기대를 걸어 볼 수 있지 않을까.

결과적으로 평택-오송 복복선은 수도권과 비수도권의 연계를 강화하고 대도시 중심부와 낙후지역 양극화를 어느 정도 해결할 수 있는 노선으로 자리 잡을 것으로 생각된다.

테마 2

2030 서울시 생활권계획

"대한민국 부동산은
서울로 통한다"

2030 서울시 생활권계획에서 주목해야 할
4가지 키워드

「2030 서울시 생활권계획」은 2017년 5월 발표된 서울시의 도시기본계획으로, 기존에 발표된 계획들을 정리하여 시민들이 열람할 수 있도록 만든 요약본이다. 서울 전역을 동북권·동남권·서북권·서남권·도심권 등 5개 권역의 대(大)생활권과 116개 지역단위인 소(小)생활권으로 세분화하여 개발계획을 정리했다. 서울의 세분화된 지역별 특징을 고려하여 도시계획이 마련된 것이다.

서울시가 발표했던 기존의 개발계획으로는 「2030 서울플랜」이 있다. 이름은 비슷하지만 서울시 생활권계획이 이와 다른 점은 중심지의 범위 및 발전 방향을 상세히 기술 했다는 점, 그리고 각 권역별로 어떤 내용에 초점을 맞춰 개발할 것인지를 구체적으로 알려주고 있다는 점이다. 그리고 서울시의 균형발전을 위해 상업지역 192만㎡를 확대 지정한다는 내용도 눈여겨볼 만하다.

키워드 ① : 53지구중심

2014년 수립된 「2030 서울플랜」에서는 서울을 '3도심·7광역중심·12지역중심' 으로 나누었는데, 생활권계획에서는 여기에 '53지구중심'을 추가 설정하여 서울의 권역별 체계를 완성했다. 특히 53지구중심 가운데 약 81%가 상대적으로 낙후되어 있는 동북권·서북권·서남권에 집중 지정되었는데, 이는 국토종합계획과 비슷하게 서울시 생활권계획 역시 지역균형발전에 초점을 맞추고 있음을 보여준다.

서울시 생활권계획에서 추가된 53지구중심은 어떤 의미를 가질까? 서울시 생활권계획의 핵심내용 중 하나는 상업지역의 확대지정이다. 그리고 53생활중심은 기존 서울지하철의 역사 인근 또는 현재 계획되어 있는 경전철 역사 인근인 곳이 많다. 결과적으로 53지구중심 지정을 통해 자연스럽게 해당 권역에 상업지역이 늘어나는 효과가 생기고, 해당 지역의 개발 사업성을 높여줌으로써 균형발전이라는 목표를 달성할 수 있을 것이다.

53지구중심 중에서도 눈여겨볼 것은 한 지구중심에 두 개의 인접지역이 묶여 있는 곳이다. 지정된 곳을 보면 대부분은 하나의 지역만 언급되어 있지만, 간헐적으로 두 지역이 하나의 동그라미에 묶여 있는 것을 확인할 수 있다. 서남권에는 영등포·여의도, 가산·대림, 사당·이수가 여기에 속하고, 동남권에는 수서·문정, 천호·길동이 속한다. 그리고 동북권에는 창동·상계, 청량리·왕십리 지역이, 서

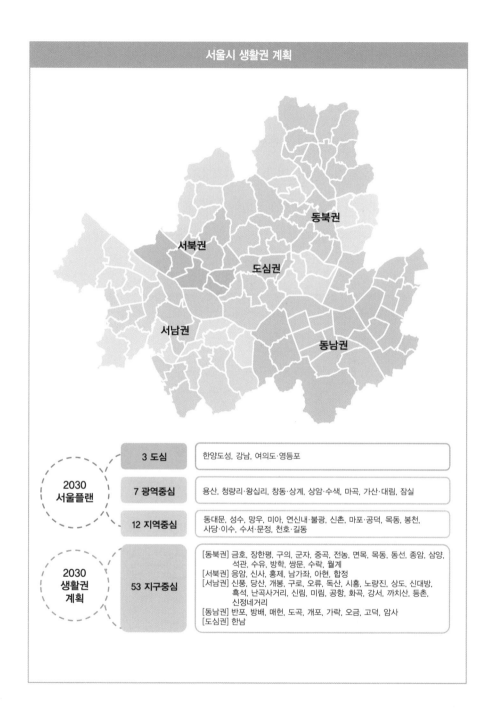

서울시 생활권 계획

동북권

서북권

도심권

서남권

동남권

2030 서울플랜	3 도심	한양도성, 강남, 여의도·영등포
	7 광역중심	용산, 청량리·왕십리, 창동·상계, 상암·수색, 마곡, 가산·대림, 잠실
	12 지역중심	동대문, 성수, 망우, 미아, 연신내·불광, 신촌, 마포·공덕, 목동, 봉천, 사당·이수, 수서·문정, 천호·길동
2030 생활권 계획	53 지구중심	[동북권] 금호, 장한평, 구의, 군자, 중곡, 전농, 면목, 목동, 동선, 종암, 삼양, 석관, 수유, 방학, 쌍문, 수락, 월계 [서북권] 응암, 신사, 홍제, 남가좌, 아현, 합정 [서남권] 신풍, 당산, 개봉, 구로, 오류, 독산, 시흥, 노량진, 상도, 신대방, 흑석, 난곡사거리, 신림, 미림, 공항, 화곡, 강서, 까치산, 등촌, 신정네거리 [동남권] 반포, 방배, 매헌, 도곡, 개포, 가락, 오금, 고덕, 암사 [도심권] 한남

남권에는 연신내·불광, 상암·수색이 해당된다.

이런 지역들의 특징은 대체 무엇일까? 바로 두 지역을 연계해서 함께 개발한다는 것이다. 이런 이유로 두 지역 사이에는 지구단위계획이 수립되는 경우가 많다. 지구단위계획이란 도시계획을 수립하는 지역 가운데에서도 토지이용을 보다 합리화하고, 기능을 증진시키며, 미관의 개선 및 양호한 환경의 확보가 특별히 필요하다고 생각되는 지역을 지정해서 용적률 상향 등의 혜택을 주는 대신 개발방식을 일부 규제하는 것이다. 다시 말하면 지자체가 특별히 관심을 가지고 개발하

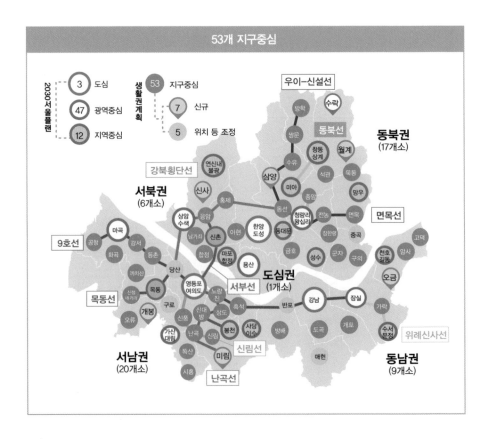

고자 하는 지역이라는 뜻이기도 하다.

실제로 서울시 생활권계획을 살펴보면 두 지역이 패키지로 언급되어 있는 경우가 있다. 서남권에 속해 있는 연신내·불광 지역부터 살펴보면, 일단 3호선·6호선이 운행 중이며 GTX-A 노선이 공사중이다. 인근에는 중앙버스전용차로가 운행 중이며 BRT 노선이 계획되어 있어 교통의 요지라 할 수 있다. 인근의 상암·수색 지역은 경의중앙선과 6호선이 운행중이며 원종·홍대선, 강북횡단선이 계획되어 있는 곳으로 뒤에서 설명할 '관문도시' 12곳 중 한 곳이다.

서남권에 속하는 가산·대림 지역은 1호선이 운행 중이며 신안산선이 공사 중이다. 또한 수원·구로 BRT 노선이 현재 설계되고 있는 곳이다. 영등포·여의도 지역은 운행 중인 1호선에 공사 중인 신안산선·GTX-B 노선뿐 아니라 현재도 광역버스의 중심지 역할을 한다. 사당·이수 지역은 2호선·4호선·7호선이 운행 중이며 남부광역급행철도 노선이 계획되고 있고, 사당은 관문도시 12곳 중 한 곳이다. 이렇게 함께 개발되는 곳은 대규모 개발이 진행될 수 있어 이목이 더욱 집중된다. 그리고 교통 인프라가 모여들기 때문에 복합환승센터가 만들어짐으로써 그 지역의 랜드마크가 될 가능성이 높다.

권역별 분석은 뒷부분에서 차근차근 해 보고, 여기에서는 전체를 아우르는 큰 그림을 먼저 살펴보자. 가장 극명하게 차이를 보이는 권역은 동북권과 동남권이라 하겠다. 예를 들어, 동남권에 속해 있는 삼성역 인근은 코엑스와 영동대로 지하복합환승센터, 현대차GBC 등 굵직한 개발계획이 세워져 있다. 현재도 이곳 인근을 지날 때면 높은 빌딩과 잘 갖춰진 인프라를 느낄 수 있는데, 바로 근처의 영동대교를 지나 동북권에 속하는 광진구로 접어들면 전혀 다른 느낌을 받게 된다.

다리 하나만 건넜을 뿐인데 고층빌딩이 줄어들고 갑자기 재래시장이 보일 정도로 개발 밀집도에서 많은 차이가 발생한다.

서울시 생활권계획에는 이러한 권역별 차이를 줄여서 균형발전의 토대를 마련하겠다는 계획이 포함되었다. 그것이 바로 상업지역 확대지정이다. 새롭게 지정될 총 192만㎡ 중 지역발전물량 134만㎡를 상대적으로 개발이 덜 되어 있는 동북권(59만㎡), 서남권(40만㎡), 서북권(18만㎡), 동남권(10만㎡, 현대차GBC 포함 시 17만㎡) 순으로 배정하여 지역발전의 원동력이 될 예정이다.

하지만 아무리 상업지역을 확대지정해 봤자 실제로 좋은 시설물이 들어서지 않으면 지역발전에 아무런 도움이 되지 않는다. 그래서 서울시 생활권계획 발표 전까지 의무적으로 적용되었던 상업지역의 비주거용도비율 30%를 20%로 완화하면서 민간사업자들의 진입장벽을 대폭 낮춰줬다. 예를 들어 이전에는 상업지역에 20층짜리 건물을 짓더라도 6층까지는 비주거시설, 즉 사무실이나 상가 등만 만들

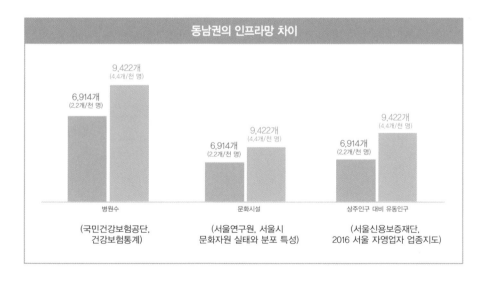

동남권의 인프라망 차이

병원수	문화시설	상주인구 대비 유동인구
6,914개 (2.2개/천 명), 9,422개 (4.4개/천 명)	6,914개 (2.2개/천 명), 9,422개 (4.4개/천 명)	6,914개 (2.2개/천 명), 9,422개 (4.4개/천 명)
(국민건강보험공단, 건강보험통계)	(서울연구원, 서울시 문화자원 실태와 분포 특성)	(서울신용보증재단, 2016 서울 자영업자 업종지도)

어야 했다. 하지만 규제가 20%로 완화되면서 4층까지는 비주거시설을 만들고, 오피스텔이나 도시형생활주택으로 쓸 수 있는 층이 늘어났다. 상가는 임대료가 높은 반면 공실의 위험이 크기 때문에 안정적인 수익을 내기는 어렵다. 하지만 주거용으로 활용할 수 있는 공간이 늘면서 사업자들이 보다 안정적인 수익구조를 누릴 수 있게 되었고, 새로운 건축물을 짓는 데에 대한 부담감이 줄었다. 낙후지역의 균형발전에 도움이 되는 것이다.

키워드 ② : 경전철

그러나 고민해야 할 문제가 또 있다. 아무리 상업지역을 지정하고 비주거비율을 완화하더라도 유동인구가 적은 지역은 개발 사업을 진행하기 상당히 어렵다. 민자사업자는 수익이 발생하지 않는 곳에는 투자를 하지 않기 때문이다. 예를 들어 도봉산이나 수락산 초입에 상업지역을 확대지정하면 어떨까? 이곳을 이용하는 사람들은 주로 등산객들이므로 등산객을 대상으로 하는 식당이나 상가 등 제한된 업종만 자리 잡을 가능성이 크다. 소규모 상권은 형성되겠지만 대규모 개발은 어렵기 때문에 균형발전이라는 목표를 이루는 데에는 별로 도움이 되지 않는다.

그렇다면 서울시는 어떤 곳을 상업지역으로 확대지정하려고 할까? 그 답은 현재 운행하고 있는 지하철 노선의 사각지대, 그리고 계획 중인 경전철 노선의 역세권을 살펴보면 찾을 수 있을 것으로 생각한다. 서울시는 경전철 사업에 집중하는 모습을 보여주고 있다. 그동안 지하철 노선에서 소외되었던 지역의 교통 인프라

를 개선하여 발전 가능성을 열어주겠다
는 취지다. 이런 곳이 상업지역으로 지
정되면 그 가능성은 더욱 커질 것이다.

2019년 6월 서울시는 강북구 4·19
사거리 및 우이동 일대 62.8만㎡에 대
한 도시재생사업을 본격적으로 추진하
여 이곳을 역사·문화예술·여가의 중심
지로 조성하겠다는 보도자료를 배포했
다. 인근에 4·19민주묘지가 자리하고
있어 4·19사거리로 불리는 이 지역은
2018년 6월 우이-신설선 경전철이 개
통하면서 4·19민주묘지역이 신설되었
고 아기자기한 카페와 음식점들이 하나

둘씩 자리 잡았다. 이렇게 유동인구가 증가하는 곳에 지구단위계획 및 도시재생
사업 등 개발을 유도할 수 있는 계획들을 수립하고 상업지역을 확대지정하면 자
연스럽게 지역경제가 활성화될 수 있을 것으로 본다.

키워드 ③ : 지구단위계획

더블역세권이 되는 곳에는 지구단위계획을 수립하여 더욱 확대된 규모의 개발을 진행하려고 한다. 2019년과 2020년에 서울시 도시계획국에서 발간된 업무계획을 살펴보면 '역세권 지구단위계획 수립'이라는 제목으로 포함되어 있는 내용을 통해 이러한 계획을 확인할 수 있다.

■ 양재 지구중심 지구단위계획 수립

먼저 강남구 도곡동과 서초구 양재동 일대 3만㎡에 양재지구 중심지 및 역세권 강화를 위한 용도계획을 수립하겠다는 내용이 포함되어 있다. 이 지역의 핵심인 양재역은 3호선과 신분당선이 환승되고 버스중앙전용차로가 운행되며 광역버스가 집결하는 교통의 중심지이다. 이곳은 또한 서울시에서 추진하고 있는 양재R&CD 사업장과도 가깝다. 현재도 직장인 등 유동인구가 많은 곳이지만, 이러한 인프라가 완성되면 유동인구가 더욱 증가할 것으로 예상된다. 양재R&CD에 대한 내용은 뒤에서 다시 한 번 살펴보도록 하자.

■ 보라매 지구중심 지구단위계획 수립

동작구 대방동 보라매역 일대 11만㎡도 거점개발을 위한 특계가능구역으로 지정하고, 역세권 이면부의 노후·불량 주거지를 정비하는 계획도 수립되었다. 보라매역은 현재 공사 중인 신림선이 정차하면서 더블역세권이 될 예정이며, 인근의 신길뉴타운 입주 수요로 인해 역세권의 유동인구가 늘어날 것으로 보인다. 이에 따라 개발의 사업성은 더욱 높아질 것으로 생각된다.

이외에 우이-신설선이 지나는 삼양사거리역, 연장된 9호선이 지나는 석촌고분역·석촌역·송파나루역 인근의 지구단위계획도 상업지역 확대지정과 밀접한 관련이 있다. 이런 이유 때문에 지구단위계획을 살필 때에는 기존의 낙후된 역세권과 서울 경전철의 진행 상황도 함께 파악하는 것이 좋다.

키워드 ④ : 캠퍼스타운

서울은 25개 구가 유기적으로 연결된 도시이므로 인접 지역의 영향을 많이 받는데, 예외인 지역이 있다. 바로 대학가 인근에 자리 잡은 지역이다. 서울시에는 총 52개 대학이 포진하고 있는데 홍대입구나 신촌 같은 중심상권을 제외하면 대

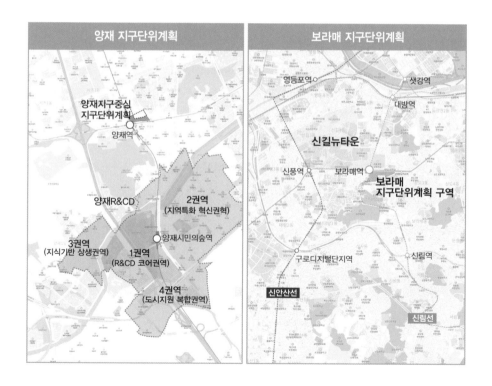

부분 상당히 낙후되어 있으며, 해당 대학교의 학생 및 교직원만 바라보며 영업하는 '항아리 상권'인 경우가 많다. 그런데 최근에는 대학 캠퍼스 안에 편의점, 식당, 영화관 등 각종 편의시설이 입점하는 것이 추세이기 때문에 대학교 인근 상권은 점차 쇠퇴하고 있는 것이 현실이다.

이런 상황에 기름을 붓는 이슈가 있으니 바로 대학교 내 기숙사 증설이다. 저렴하고 깔끔한 주거시설을 원하는 재학생들에게는 반가운 소식이지만, 인근 지역 임대업자들에게는 청천벽력 같은 소식이다. 이로 인한 대학과 임대업자들 사이의 잦은 마찰이 사회문제로까지 번졌고, 서울시가 해결책을 고심한 끝에 발표한 대책이 바로 캠퍼스타운이다.

캠퍼스타운은 도시재생사업의 일환으로, 대학캠퍼스 개발로 인해 상권이 쇠락하여 공실 문제가 심각한 주택을 저렴하게 매입하여 청년 스타트업(start-up)에 지원하는 사업이다. 앞서 살펴봤던 국토부의 캠퍼스 혁신파크와 비슷한 성격으로 생각하면 쉽다. 핵심은 해당 대학교의 졸업생에게만 입점자격을 부여한다는 점이다. 졸업생은 교내 기숙사 이용이 불가능하고 소비도 외부에서 할 가능성이 높기 때문에 지역경제 활성화에도 더 많이 기여할 것이기 때문이다.

다만 캠퍼스타운 사업이 진행된다고 해서 무조건 호재가 될 것이라고 생각하기는 어렵다. 서울시의 대학캠퍼스는 비수도권에 비해 부지가 좁기 때문에, 스타트업 종사자만으로는 수요증가에 한계가 있기 때문이다.

따라서 캠퍼스타운 하나만으로 낙후된 지역이 금방 개발되기를 기대해서는 안 되고, 캠퍼스타운이 지정된 곳 중 공공기관이 이전해서 개발이 기대되는 대규모 부지가 있거나, 기존에 일자리가 잘 형성된 지역과 얼마나 연계되어 있는지를 함께 살피면서 접근해야 한다.

■ 점차 확대되는 캠퍼스타운

서울시는 나아가 캠퍼스타운 인근을 창업도시로 발전시키겠다며 움직이는 중이다. 2019년 4월 서울시는 글로벌 탑 5의 창업도시로 도약하겠다는 청사진을 제시했다. 이를 위해 2022년까지 4차 산업혁명 특화기술 인재 및 외국인 창업가 등 기술창업을 주도할 혁신인재 1만 명을 육성하고, 서울 전역에 AI·바이오산업 등 기술창업기업을 위한 입주공간도 크게 늘려서 창업 인프라를 확충하겠다고 밝혔다. 그리고 창업 초기 기업에게는 비용이나 운영 노하우 전달 등과 관련하여 서울시가 자금을 투입하고, 아이디어가 6개월 안에 제품화될 수 있도록 사업성 분석·제품 설계·시제품 제작·제조사 연결까지 모든 서비스를 지원할 계획이다.

여기에 포함된 홍릉과 양재에는 각각 고려대와 카이스트(KAIST)가 캠퍼스타운으로 운영되고 있다. 또한 고려대를 필두로 광운대, 세종대, 중앙대가 캠퍼스타운으로 선정되었는데, 2019년 3월 서울시는 이 네 곳의 캠퍼스타운에 대한 구체적 계획을 발표했다. 창업 공간을 획기적으로 확대하고, 비즈니스 지원 서비스를 강화하며, 대학캠퍼스의 인프라를 활용하는 서비스를 제공하여 창업에 전념할 수 있는 환경을 조성한다는 것이 주요 내용이다.

우선 창업 공간을 100개 이상의 스타트업을 육성할 수 있는 수준으로 확대할 계획이다. 대학별로 보면 고려대는 20개 업체에서 40개로 늘리고, 광운대는 27개 업체, 세종대는 12개 업체, 중앙대는 27개 업체를 육성하는 것이 목표다.

또한 2020년까지 서울 캠퍼스타운 내 창업 공간에서 '유니콘(Unicorn) 기업', 즉

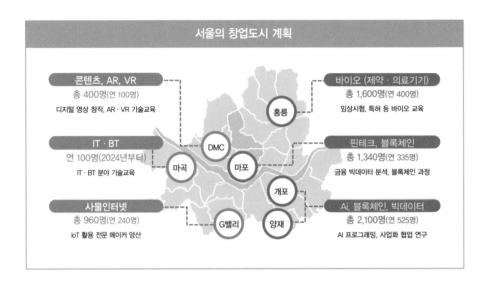

가치 10억 달러 이상의 성공적인 스타트업을 육성하겠다는 계획을 발표했다. 캠퍼스타운 정책협의회 회원대학은 각 대학의 인적·물적 자원을 지역 및 창업자에게 적극 개방하고, 창업자는 지원받은 자원을 이용하여 스타트업 기업을 운영하며, 후배 창업자를 위한 지식과 경험을 공유하여 창업 생태계를 조성한다는 계획이다.

그리고 2019년 12월에는 캠퍼스타운을 49개로 확대하는 계획이 발표되었으며, 그중 17개 대학이 신규 선정되었다. 전체 사업 범위를 통합 추진하는 종합형 캠퍼스타운으로는 경희대, 서울대, 성균관대, 숙명여대, 숭실대, 연세대, 인덕대가 선정되었다. 그리고 특화된 분야를 중심으로 추진하는 단위형 캠퍼스타운으로는 덕성여대, 동양미래대, 명지전문대, 서울여자간호대, 성공회대, 이화여대, 장로회신대, 한성대, 한양대, KC대가 선정되었다.

■ 고려대 캠퍼스타운과 서울바이오허브

그중에서도 서울시가 시범사업으로 추진 중인 고려대 캠퍼스타운을 집중하지 않을 수 없다. 고려대가 위치한 안암동은 고려대 외에는 특별히 떠오르는 이미지가 없을 정도로 고밀도 개발과는 별로 상관없는 지역으로 인식되어 왔다. 하지만 고려대 캠퍼스타운 사업이 진행되면서 인근에는 변화의 바람이 불기 시작했다.

1단계로 IT와 연계된 창업기업과 첨단부품소재·스마트제조혁신 기업을 유치 및 육성하기 위한 글로벌 R&D 시설 네 개 동을 신축한다. 2단계로는 주거·문화·복지시설을 건립하며, 3단계로는 BT(생명공학기술)·CT(문화콘텐츠기술)와 연계된 창업기업을 유치하기 위한 바이오생명공학R&D 시설을 건립할 계획이다.

인근의 동북선이 개통하게 되면 현재 6호선만 운행되는 고려대역은 더블역세권이 된다. 2019년 9월 기공식을 진행한 동북선은 상계역에서 왕십리역을 잇는 경전철이다. 동북선에 대한 내용은 뒤에서 다시 한 번 살펴보도록 하자.

고려대 캠퍼스타운을 이야기할 때 빼놓을 수 없는 것이 '서울바이오허브'이다. 고려대역 인근에는 본래 국방기술품질원, 영화진흥위원회 등 공공기관이 다수 자리 잡고 있었지만 2013년에서 2015년 사이에 혁신도시로 순차적 이전을 하게 되었다. 이렇게 남은 부지를 활용해서 고려대 캠퍼스타운과 연계하여 '서울바이오허

브'를 조성하였는데, 캠퍼스 혁신파크와 마찬가지로 기업 하기 좋은 환경을 지원하면서 집중 조명을 받고 있다.

서울바이오허브 입주 기업들은 사무실 및 연구장비 임대, 시제품 제작 지원 등 업무에 편리한 환경을 제공받게 된다. 현재 3D프린터 외 45종의 고가 연구장비를 공유하고 있으며 66개 기업, 64개 협력기관이 상주해 있다. 그밖에도 고려대를 포함 9개 대학교와 2개의 대학병원, 한국국방연구원을 비롯한 6개의 연구기관이 입주해 있는데 앞으로 더욱 증가할 것으로 보인다.

이 지역을 주목해야 할 이유는 또 있다. 2019년 10월 국무총리 주재 제19회 도시재생특별위원회가 개최되었는데 서울바이오허브 일대가 서울시에서 최초로 시행되는 '경제기반형 도시재생 뉴딜사업'으로 선정된 것이다. 바이오·의료 R&D의 거점으로서 주변의 대학·연구기관·기업·병원을 연계하는 바이오 클러스터를 만드는 것으로 뉴딜 사업비 625억 원, 지자체 사업비 3,104억 원, SH 사업비 1,130억 원 등 총 4,859억 원이 투입되는 대규모 사업이다. 이렇게 안암역-고려대역-서울바이오허브가 연결되면 개발 규모가 상당히 확장될 것으로 생각된다.

고려대는 2017년 자체적으로 안암병원에 최첨단 융복합의학센터 증축공사에 들어갔다. 2022년 완공을 목표로, 총면적 약 4만 평 규모로 건축되는데 이는 현재의 세 배가량이다. 늘어나는 면적의 대부분은 바이오 연구시설이 입점할 계획이다. 동북권 중심의 종합병원과 연구센터가 함께 입점하고, 교통의 요충지인 청량리역과 가깝기 때문에 병원을 찾는 사람들의 선호도가 상승할 것으로 보인다.

이와 함께 신규 지정된 인근의 경희대 캠퍼스타운도 주목할 필요가 있다. 경희대에는 경희의료원이 있다. 양질의 일자리인 서울바이오허브와 종합병원 두 곳이 연계된다면 상당한 규모의 개발도 가능하기 때문이다.

이렇게 서울시가 추진하는 캠퍼스타운은 상대적으로 낙후되어 있는 대학교 인근을 한 단계 도약할 수 있도록 지원하는 계획이다. 하지만 다시 한 번 명심해야 할 것은 대학캠퍼스만 지원되는 곳은 별로 영향력을 기대하기 어렵다는 점이다. 고려대처럼 인근에 양질의 일자리가 들어올 수 있는 곳이자 교통 인프라가 갖춰져 있는 곳만을 살펴보는 것이 좋다. 캠퍼스라는 공간은 생각보다 규모가 작기 때문이다.

서울시 도시철도망
구축계획

현재 도보로 10분 이내 지하철역에 접근하기 어려운 철도 서비스 취약지역이 서울시 내에만 38%에 이른다는 조사 결과가 있다. 여기에 해당하는 지역은 주로 동북권, 서북권, 서남권에 집중되어 있는 것으로 파악되었는데 이는 서울시가 상업지역을 확대지정하려는 권역과도 일치한다.

교통 편의성과 주거 인프라가 취약하니 선호도가 떨어지고, 그만큼 사업성이 부족하므로 개발업자들의 관심도 떨어진다. 이는 다시 동남권과의 개발격차가 더욱 벌어지는 악순환으로 이어지고 있다.

이렇게 취약한 지역을 연결하는 교통 인프라로 선택된 것이 1차 서울시 도시철도망구축계획에 포함된 서울 경전철이다. 일반적으로 알고 있는 지하철, 즉 중전철(중량전철)에 비해 건설·유지 비용이 60% 정도에 불과하기 때문에 부담이 적고, 운행 시 교통 소외지역에 큰 편의성을 제공할 예정이다.

하지만 경전철이 개통된다고 해서 상대적 낙후지역이 바로 개발될지는 생각해 봐야 한다. 경전철 하나만으로는 수요가 폭발적으로 증가할 거라 기대하기가 어렵기 때문이다. 유동인구가 증가하지 않으면 아무리 역세권이라고 해도 개발 사업은 지지부진할 수밖에 없다.

그래서 서울시는 경전철역을 소규모 환승센터로 조성할 계획을 세우고 있다. 도보, 자전거, 버스, 택시, 마을버스 등 인근 지역에서 경전철역으로 이동하는 모든 교통수단과 효율적으로 환승되도록 해서 중심지 접근성을 개선하려는 것이다. 경전철만으로는 유동인구가 크게 증가하기 힘들지만 기존에 이용해 온 다른

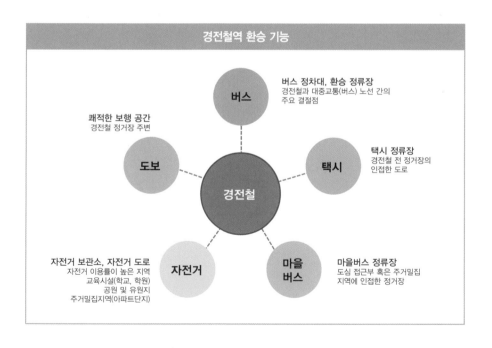

경전철역 환승 기능

버스

버스 정차대, 환승 정류장
경전철과 대중교통(버스) 노선 간의
주요 결절점

쾌적한 보행 공간
경전철 정거장 주변

도보

택시

택시 정류장
경전철 전 정거장의
인접한 도로

경전철

자전거

마을
버스

자전거 보관소, 자전거 도로
자전거 이용률이 높은 지역
교육시설(학교, 학원)
공원 및 유원지
주거밀집지역(아파트단지)

마을버스 정류장
도심 접근부 혹은 주거밀집
지역에 인접한 정거장

교통수단과의 연계가 강화되면 이용객들이 늘어나면서 역세권 개발도 힘을 얻게된다.

경전철의 차량기지는 대부분 지하화로 추진할 예정이다. 지상에 있는 차량기지는 지역과 지역을 단절하고 미관상 좋지 않다. 경전철은 서울시만을 위한 도시철도이기 때문에 아무리 인접해 있더라도 경기도에 건설하기는 어렵고, 만약 하게 되면 그만큼 보상을 해줘야 한다.

이런 이유로 차량기지를 지하에 건설하고 지상에는 철도 관련 시설과 상가를 배치하려고 한다. 현재 우이-신설선과 연결된 우이동 차량기지가 지하로 건설되었으며 동북선과 신림선 등 면목선의 신내차량기지를 제외한 전 노선이 지하화로

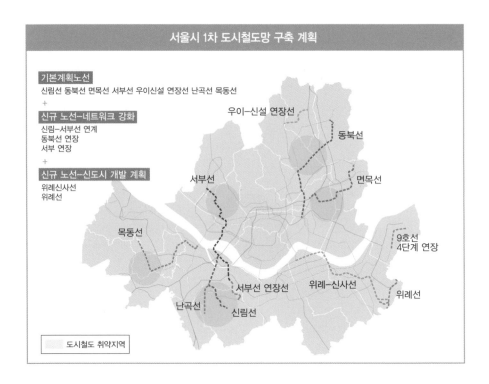

서울시 1차 도시철도망 구축 계획

기본계획노선
신림선 동북선 면목선 서부선 우이신설 연장선 난곡선 목동선
+
신규 노선-네트워크 강화
신림-서부선 연계
동북선 연장
서부 연장
+
신규 노선-신도시 개발 계획
위례신사선
위례선

우이-신설 연장선
동북선
면목선
서부선
목동선
9호선
4단계 연장
서부선 연장선
위례-신사선
위례선
난곡선
신림선

도시철도 취약지역

사업을 진행하고 있다.

또한 유동인구가 많은 차량기지에는 승강장을 추가하고 상업시설을 함께 갖추도록 해서 소규모 환승센터로 재구성한다. 이를 통해 이용객 편의성이 증대된다면 더 이상 기피시설로 평가절하 받지는 않을 것이다.

그럼 제1·2차 서울시 도시철도망구축계획을 통해서 몇 가지 주목할 만한 노선을 살펴보도록 하자. 2008년에 수립된 1차 도시철도망구축계획은 여건 변화를 고려하고 사업 추진의 종합적인 타당성을 검토하여 계획을 변경하였고, 2019년 2차 도시철도망구축계획이 발표되었다. 여기에서는 현재 공사를 시작한 신림선을 시작으로 동북선, 면목선, 난곡선, 위례-신사선 등 총 10개 노선의 추진계획을 발표했다.

참고로, 경전철은 상대적으로 교통 편의성이 취약한 곳을 보완하는 성격이 강하지만, 위례-신사선이나 위례트램의 경우는 다르다. 이들 노선은 위례신도시만을 위해 세워진 광역교통 대책으로 이미 위례신도시 건설 시 분양가에 교통분담금이 포함된 상태로 분양이 진행되었다.

신림선

경전철 신림선은 여의도에서 서울대까지 총 11개 역 7.76km의 거리를 운행한다. 주요 환승역은 샛강역(9호선), 대방역(1호선), 보라매역(7호선), 신림역(2호선) 등이다. 참고로, 신림선에 만들어질 '서울대역(가칭)'은 2호선 '서울대입구역'과는 별도의 역이다.

지하철 교통의 사각지대인 신림동 도림천 인근은 도로교통에 의지할 수밖에 없기 때문에 늘 교통체증이 일어나는 악성 정체구간이다. 신림선은 이곳의 교통난을 해소하고 여의도와의 접근성을 높이는 노선이다. 또 다른 교통 사각지대인 신림역과 보라매공원 사이 지역도 교통 편의성이 높아질 것으로 기대된다.

2차 도시철도망구축계획에서 신림선은 북쪽으로는 동여의도까지, 남쪽으로는 기존 서울대역(가칭)에서 연장되어 서부선과 직결되는 것으로 발표되어 인근 지역 교통 편의성에 큰 영향을 미칠 것으로 생각된다. 또한 난곡선이 만들어지면 보라

매공원역에서 환승 가능하도록 계획되어 있다.

신림선의 가장 큰 수혜를 입을 것으로 예상되는 곳은 신림재개발 1·2·3구역이다. 현재 이곳은 버스를 타고 도림천변 도로를 따라 신림역으로 이동해야만 지하철을 탈 수 있는 곳이다. 그 사이에는 다수의 신호등과 차량으로 교통체증이 심해 대중교통이용이 상대적으로 불편한 곳이다. 하지만 신림선이 생기면 신림역과 여의도로의 접근성이 상당히 개선되기 때문에 재개발 사업을 통해 신축 아

파트로 탈바꿈할 경우 많은 이들의 관심을 받을 것으로 생각된다. 다만 샛강역에서 환승되는 9호선은 급행열차가 아닌 완행열차라는 점이 다소 아쉽다.

반면 신축 아파트단지가 입주 예정인 신길뉴타운은 거리상 신림선 초역세권이지만 얼마나 큰 수혜를 입게 될지는 미지수이다. 주요 일자리 지역인 여의도까지 이미 버스 교통이 잘 갖춰져 있기 때문에 경전철 이용 수요가 분산될 것이기 때문이다.

동북선

동북선은 왕십리에서 제기동, 미아사거리를 지나 상계동까지 총연장 13.4㎞, 총 16개 역으로 만들어질 노선이다. 도시철도 소외지역으로 꼽히는 노원구, 강북구, 성북구, 동대문구, 성동구 등을 관통한다. 2019년 9월 기공식 진행 이후 2020년 현재 착공을 앞두고 있다. 주요 환승역은 제기동역(1호선), 상계역(4호선), 미아사거리역(4호선), 고려대역(6호선), 하계역(7호선), 월계역(1호선), 왕십리역(2호선·5호선·경의중앙선·분당선) 등으로 총 9개 노선 환승이 가능하다.

동북선이 개통되면 노원구 중계동 은행사거리에서 왕십리역까지의 출퇴근 시간이 현재 약 46분에서 약 22분까지 총 24분 단축될 것으로 예상된다. 또한 상계역에서 왕십리역까지는 환승 없이 25분 만에 이동이 가능해져 시민들의 편리성이 대폭 개선될 전망이다.

동북선 수혜지역 중 대표적인 곳은 중계동 은행사거리이다. 서울의 3대 학원

가로 '대치, 목동, 중계'가 꼽힐 정도로 학군 수요가 탄탄한 곳이지만, 인근의 지하

철역(상계역 및 하계역) 등으로의 접근성이 좋지 않아 교통 편의성은 상대적으로 떨

어지는 지역이다. 이런 곳에 동북선이 들어오고 은행사거리역이 만들어지면 교통

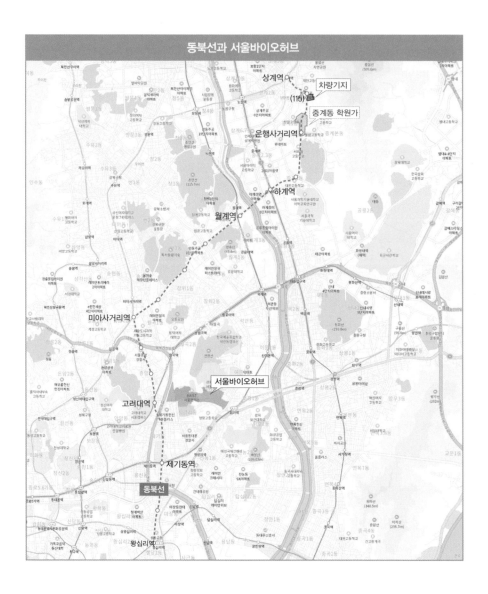

불편이라는 악재가 해소되기 때문에 수요가 더욱 많아질 것으로 생각된다.

또한 투자 틈새시장으로 살펴볼 만한 곳이 있는데 바로 차량기지가 건설될 노원운전면허시험장 부지이다. 동북선 노선도에서는 115번으로 표시되어 있다. 앞에서 잠시 언급했듯이 유동인구가 증가할 만한 곳의 차량기지에는 승강장을 추가한다고 했는데 이곳이 그런 조건에 부합하는 곳이다. 또한 수많은 버스를 환승할 수 있으며 차량기지에 상가시설이 입점하게 되면 인접한 단지들의 주거환경이 개선될 것으로 기대한다.

장위뉴타운도 많은 관심을 받고 있다. 동북권의 대규모 재개발 구역으로 새로운 주거단지로의 변신을 준비하고 있는 상황에서 동북선이라는 직접적인 교통 호재가 등장하면 편의성이 더욱 증대될 것으로 생각된다. 여기에 바로 인근인 광운대민자역사 개발 사업과 광운대역세권 개발 사업이라는 대규모 개발계획까지 생각한다면 가치가 더욱 높아질 수 있다. 이에 대한 자세한 내용은 뒷부분에서 다시

한 번 살펴보도록 하자.

앞서 살펴본 고려대역 인근도 다시 한 번 살펴보자. 청량리역의 대표적인 배후지역은 청량리와 전농·답십리 재개발구역, 그리고 이문·휘경뉴타운일 것이다. 그에 비해 아직 고려대역 인근은 관심을 받지 못하고 있다.

하지만, 향후 고려대 캠퍼스타운이 자리를 잡고 동북선과 6호선이 환승 가능한 고려대역이 들어서면 어떨까? 증축이 예정된 고려대 안암병원과 경희의료원 등이 연계되어 바이오허브로서의 역할을 하면 어떻게 될까? 미래를 상상해 보는 것도 괜찮을 것이라 생각된다.

서부선

서부선은 서울 서북부에 해당하는 은평구와 서대문구에서서부터 한강을 건너 서남부의 영등포구, 동작구, 관악구까지 연결되는 총길이 16.15㎞의 노선이다. 총 16개 역으로 계획되어 있으며 주요 환승역으로는 새절역(6호선), 신촌역(2호선), 광흥창역(6호선), 노량진역(1호선·9호선), 장승배기역(7호선), 서울대입구역(2호선) 등이 있다.

이중 서울대입구역에서는 앞서 살펴본 신림선의 서울대역까지 연결한다는 계획이 2차 서울시 도시철도망구축계획에 포함되어 있다. 또한 노량진역은 1호선뿐 아니라 9호선 급행열차가 운행하는 구간으로 가치가 있으며, 양질의 일자리가 풍부한 여의도와 연결되기 때문에 개통 후 많은 이들의 이목이 집중될 것으로 보

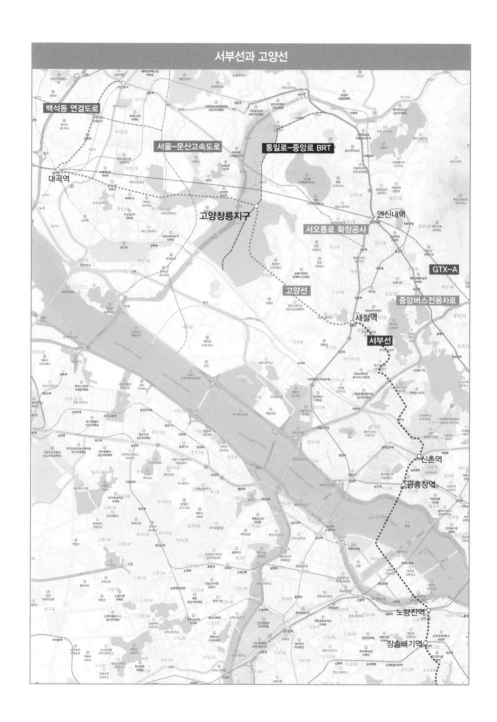

서부선과 고양선

백석동 연결도로

서울-문산고속도로

통일로-중앙로 BRT

대곡역

고양창릉지구

연신내역

서오릉로 확장공사

GTX-A

고양선

중앙버스전용차로

새절역

서부선

신촌역

광흥창역

노량진역

장승배기역

인다.

최근 3기 신도시 3차 계획에 고양 창릉신도시가 포함되었다는 발표가 있었는데, 이를 위한 교통 대책으로 언급된 것이 고양선이다. 서부선에서 연결되는 고양선은 이후 고양 향동지구, 대곡역, 고양시청까지 연장될 예정이다.

첫 번째로 살펴봐야할 곳은 은평구 새절역 인근이다. 이곳은 은평구 중에서 수

색-증산 지역이나 연신내-불광 지역에 비해 상대적으로 소외되어 있다. 하지만 이곳에서 시작할 서부선이 개통되고 인근에 신축·준신축주택이 늘어나면 주거환경이 업그레이드되어 투자의 틈새시장이 될 것으로 예상된다.

또한 새절역과 주거지역 사이에는 응암오거리가 있다. 서울시는 경전철과 함께 상업지역 확대지정을 함께 고려하고 있다는 설명을 앞부분에서 했는데, 시장과 먹자골목이 위치한 응암오거리는 이 조건에 부합하는 곳이다. 2019년 9월 응암 지구중심 지구단위계획 변경(재정비) 결정안이 서울특별시 도시·건축공동위원회에서 수정가결되었는데, 주요 내용은 먹자골목 일부를 특화거리로 조성하기 위해 건폐율을 조건부로 완화하고 가로변 활성화 기능을 갖춘 건축물 중심으로 용도계획을 변경하는 것이다.

다음으로 살펴볼 곳은 명지대 인근이다. 이곳에는 서대문구의 대표적 주거단지인 가재울뉴타운이 자리 잡고 있다. 하지만 뉴타운이라는 이름이 무색하게 이곳은 철도 교통이 좋지 않아 대부분의 주민들이 버스 교통을 이용해야 하는 곳이다.

하지만 디지털미디어시티(DMC)역세권 개발과 함께 서부선이 개통되고, 여기에 2차 도시철도망구축계획에 포함된 강북횡단선까지 개통되면 철도 접근성이 상당히 개선된다. 특히 인근에 위치한 상암지구에는 양질의 일자리가 계속 늘어날 것으로 예상되기 때문에 훌륭한 배후 주거단지로서 입지를 공고히 할 것으로 생각된다.

신촌역과 광흥창역 인근의 주거환경도 개선될 예정이다. 이곳은 구축과 신축이 섞여 있는 주거 밀집지역인데 서부선이 개통되면 여의도 접근성이 개선된다. 그렇게 되면 여의도의 배후지역으로 공덕역·마포역이 각광받는 것처럼 신촌역·

광흥창역 인근 또한 각광받는 주거지가 될 가능성이 크다. 여의도에 대한 내용은 뒷부분에 나올 서남권 편에서 집중적으로 다뤄보겠다.

서부선에서 가장 눈여겨볼 곳은 노량진역·장승배기역 인근이 아닐까 생각한다. 여의도의 대표적인 배후 주거지가 될 노량진뉴타운이 있기 때문이다. 여의도와 바로 붙어있다고 해도 과언이 아닌 노량진역에는 현재도 1호선과 9호선이 운행중이고, 멀지 않은 곳에 7호선 장승배기역이 운행하고 있어 강남 접근성 또한 좋은 곳이다. 여기에 노량진민자역사와 옛 노량진수산시장 부지가 개발되고, 뉴타운에 신축 아파트가 자리 잡게 되면 한강변에 위치한 완벽에 가까운 주거지역으로서 입지를 공고히 할 수 있다.

현재 노량진뉴타운에 위치해 있는 노량진 행정타운은 장승배기역 인근 영도시장 부지로 이전할 계획을 갖고 있다. 이전 계획이 현실화 되면 노량진뉴타운과 장승배기역 인근이 함께 시너지를 얻게 되는데, 여기에 서부선까지 개통하면 편의성은 더욱 개선될 것으로 생각된다.

마지막으로 봉천동 구암초등학교 인근을 살펴보자. 이곳은 봉천의 대표적 주거지역으로 대부분 지대가 높고 마을버스 의존도가 높은 곳이다. 봉천동에는 2호선 봉천역이 있지만 역세권이 크게 활성화되어 있지는 않다. 이곳의 주민들은 주로 지하철을 이용할 때에만 봉천역을 찾고, 상업시설을 이용할 때에는 주로 현대시장사거리 인근을 이용하기 때문이다. 그만큼 역세권보다 버스정류장 인근에 유동인구가 더 많은 곳인데, 이곳에 서부선이 운행하게 되면 판도가 바뀔 수도 있어 관심이 예상된다.

위례-신사선

위례신도시와 신사역을 연결하는 위례-신사선은 다른 경전철 노선과 다른 점이 있다. 처음부터 위례신도시의 광역교통 인프라 확충을 위해 계획되었다는 점이다. 환승 가능한 역도 신사역(3호선·신분당선), 청담역(7호선), 삼성역(2호선·9호선·GTX-A·GTX-C·남부광역급행철도), 학여울역(3호선), 가락시장역(3호선·8호선) 등 강남권의 핵심지역을 지나기 때문에 웬만한 중전철보다 경제성이 훨씬 뛰어난 노선이다.

위례-신사선 인근에는 대형호재들이 많다. 잠실 제2롯데월드, 가락시장 현대화사업, 문정법조타운, 지식산업센터, 동남권유통단지(가든파이브) 등 양질의 일자리가 풍부한 지역들이 노선에 가깝게 자리 잡고 있다. 또한 역세권개발의 핵심사

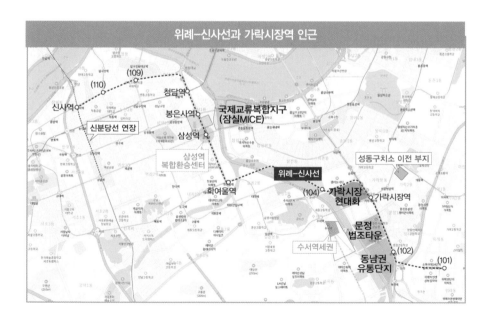

업인 삼성역 인근의 영동대로 지하복합환승센터와 현대차GBC 개발, 그리고 잠실
종합운동장과 연계되어 진행 중인 서울국제교류복합지구(잠실MICE) 사업도 눈에
띄게 진척되고 있다. 이와 함께 위례-신사선의 사업성은 더욱 높아지면서 진행 속
도에도 훈풍이 불고 있다.

학여울에서 신사역 구간은 기존 교통 인프라가 워낙 잘 갖춰져 있어 위례-신
사선 개통에 그다지 큰 반응이 있지는 않을 것으로 생각된다. 상대적으로 영향을
크게 받을 가락시장과 문정지구 라인에 집중하는 이유도 그것이다. 특히 수서역
세권 개발과 함께 진행될 문정지구의 경우 위례-신사선이 개통되면 역세권에 더
욱 집중되어 많은 이들의 관심이 집중될 것으로 생각된다. 문정·수서 지역에 대
한 내용은 동남권에서 좀 더 자세히 다뤄보도록 하자.

그밖의 노선들

지금까지 1차 도시철도망구축계획 노선 중 어느 정도 진행되고 있는 4개 노선
을 살펴봤다. 그럼 아직 진행되지 않는 노선들과 2차 도시철도망구축계획에서 추
가된 노선들은 어떤 방식으로 진행될까?

서울시는 2019년 2월 2차 도시철도망구축계획을 발표했다. 지역균형발전을
위해 우선 진행되는 사업이 경전철인데 그중에서 민간사업자의 관심을 받지 못해
추진이 지연됐던 면목선, 난곡선, 목동선, 우이-신설연장선뿐만 아니라 신규 계
획한 강북횡단선, 4호선 급행, 5호선 지선직결 사업을 재정사업으로 추진하기로

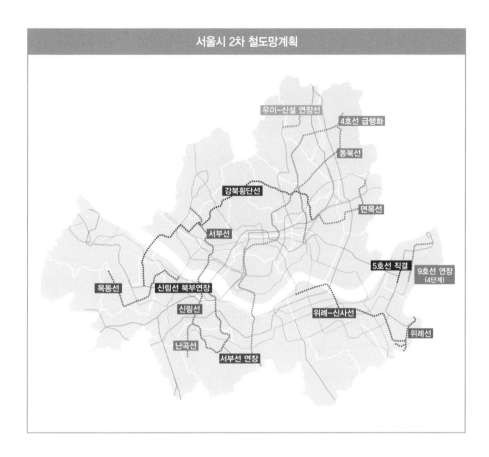

서울시 2차 철도망계획

우이-신설 연장선
4호선 급행화
동북선
강북횡단선
면목선
서부선
5호선 직결
9호선 연장 (4단계)
목동선
신림선 북부연장
신림선
위례-신사선
난곡선
위례선
서부선 연장

했다. 균형발전을 위한 상업지역 확대지정을 위해서는 경전철 건설이 시급하다는 판단 때문이다.

■ 면목선·목동선·서부선

면목선은 기존 신내·청량리 노선을 그대로 유지하면서 청량리역에서 강북횡단선과 환승되도록 하여 사업성을 높였다. 목동선 역시 기존 노선을 유지하되 지상으로 계획되었던 서부트럭터미널~강월초교 구간을 지하화하는 것으로 계획이

수정되었다. 서부선은 기존 새절역과 서울대입구역 사이 구간에 대피선을 2개소 추가함으로써 완행열차뿐 아니라 급행열차 운행이 가능하도록 보완했다.

2차 계획의 핵심은 진행속도가 더딘 노선들을 재정사업으로 전환하는 것이다. 민간사업자와의 조율 과정을 생략하여 진행속도를 높이려는 목적이다. 하지만 재정사업으로 진행되면 모든 절차가 일사천리로 진행된다고 착각하는 것은 곤란하다. 전작 『교통망도 모르면서 부동산 투자를 한다고?』에서 자세히 다뤘듯이 하나의 노선이 개통되기까지는 아직 예비타당성조사, 기본계획, 실시설계 등 아직 많은 단계들이 남아 있다.

예산 편성 과정에서도 큰 벽을 만날 수 있음을 명심하자. 전작에서 다루었듯이 민자사업으로 진행되는 도시철도 사업이라면 민간사업자가 부담하는 예산을 제외한 나머지를 '정부 4 : 서울시 6'의 비율로 나눠 부담한다. 하지만 재정사업으로 전환되면 민자사업자 없이 전체 비용을 정부와 서울시가 부담해야 하는 문제가 발생한다. 이렇게 되면 서울시의 예산 확보도 문제지만, 서울시가 충분한 예산을 확보했더라도 다시 정부 예산이라는 장벽에 가로막혀 지연될 수 있다는 점을 명심하자.

■ 강북횡단선

새로 계획된 강북횡단선은 완행과 급행열차가 모두 운행 가능한 25.72㎞의 장대한 노선으로 '강북의 9호선'과 같은 기능을 수행하도록 계획했다. 목동에서 시작하여 청량리까지 이어지는 노선으로, 환승역으로는 청량리역(1호선·분당선·경의중앙선·경춘선·GTX-B·GTX-C·면목선·강릉KTX·중앙선 준고속열차), 월곡역(6호선),

종암역(동북선), 홍제역(3호선), 디지털미디어시티역(6호선·경의중앙선·원종–홍대선), 등촌역(9호선), 목동역(5호선) 등이 있다.

강북횡단선은 서남권, 서북권, 동북권의 철도접근성이 취약한 지역을 연결하는 노선이다. 특이점은 내부순환로 아래에 건설을 계획중이라는 사실이다. 개통되면 동북권의 교통 중심지인 청량리와 서북권의 교통 중심지인 디지털미디어시티(DMC)가 한 번에 연결되어 인근 지역의 교통 편의성이 증대될 것으로 생각한다.

■5호선 직결선

5호선의 동쪽 부분은 강동역을 기점으로 각각 상일동행, 마천행으로 나뉘어 운행하고 있어 각 지역으로 향하는 차량의 배차간격은 길어질 수밖에 없다. 게다가 상일동에서 마천으로 가기 위해서는 먼저 강동역까지 이동한 후 반대편 열차로 환승해야 하기 때문에 불편함이 커서 이 지역 주민들은 버스를 이용해서 두 지역을 오간다.

상일동 지역과 마천 지역 사이에는 사실 교통량이 그다지 많지 않았지만 최근 들어 분위기가 바뀌었다. 2018년 12월에 9호선 3단계구간이 개통되면서 마천행 구간에 9호선과 환승할 수 있는 올림픽공원역이 생겼기 때문이다. 또한 반대쪽인 상일

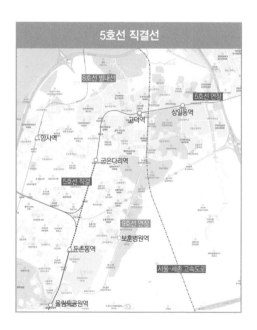

동역에서는 5호선 연장의 성격인 하남선이 계획되어 있기 때문에 두 지역 간에 편리한 이동이 중요해졌다.

이를 위해 계획된 것이 상일동행 지선과 마천행 지선을 곧바로 연결하는 5호선 직결선이다. 두 지역 사이에는 이미 철도가 단선으로 건설되어 있으므로, 이를 복선으로 전환하고 둘 사이의 직결노선을 운행하는 것이다. 그렇게 되면 강동역을 거치지 않고도 바로 마천역에서 상일동역까지, 이후 하남까지 한 번에 이동이 가능해진다. 직결선이 개통되면 두 지역의 교통 상황은 더욱 편리해질 것이다.

동북권 살펴보기

동북권은 서울시 5개 권역 중 상대적으로 낙후도가 높다. 그래서 균형발전이라는 목표를 달성하기 위한 인프라 구축 계획도 가장 많은 권역이다. 철도 인프라 측면에서는 동북선, 면목선, 강북횡단선, GTX-C, 의정부발KTX, 2호선 지하화(왕십리-잠실역) 등이 계획되어 있으며 도로 인프라 측면에서는 동부간선도로 확장 및 지하화 사업이 계획되어 있다. 또한 주요 역세권 개발 사업으로는 창동·상계 신경제중심지, 광운대역민자역사 및 역세권 개발, 청량리 복합환승센터 개발 사업 등이 계획되어 있다. 모두가 주목받는 사업으로, 이제부터 하나씩 살펴보겠다.

동부간선도로 확장 및 지하화 사업

흔히 '노도강'이라 불리는 노원구, 도봉구, 강북구는 서울의 대표적인 베드타운(Bed Town)이다. 중심부 일자리 지역으로 출퇴근하는 사람들이 상대적으로 저렴한 비용으로 거주할 수 있는 곳으로, 주거지로서의 기능이 극대화되어 있으나 거리가 상당히 떨어져 있다.

문제는 이곳의 교통이 상당히 불편하다는 점이다. 1호선, 4호선, 7호선이 지나가지만 드넓은 면적을 모두 감당할 수는 없으므로 철도 접근성이 취약한 지역이 다수 분포해 있다. 그래서 많은 주민들이 도로를 이용하여 중심부로 출퇴근을 하는데, 이곳에서 도심지까지 연결되는 고속화도로는 사실상 동부간선도로가 유일하다. 동부간선도로가 교통체증으로 악명을 떨치고 있는 것은 당연할 수밖에 없다.

서울시는 이런 상황을 해결하기 위해 동부간선도로 확장 및 지하화 사업을 진행 중이다. 첫 번째로 진행되는 사업은 의정부와 서울시의 경계부터 노원구 월계1교까지의 구간을 신설 및 확장하는 것이다. 1~3공구

로 나뉘어 2020년 12월 개통을 목표로 공사가 진행되고 있다. 개통 이후에는 의정부시에서 노원구까지의 차량 정체를 어느 정도 해결해 줄 것으로 기대된다.

■ 도시고속도로와 지역간선도로 이원화

노원구 월계1교부터 강남구 삼성역 및 일원터널까지의 구간은 지하화가 추진된다. 지하화될 도로는 두 가지로 나뉘어 건설될 예정인데, 하나는 도시고속도로(스피드웨이)이고 다른 하나나는 지역간선도로(로컬웨이)이다.

도시고속화도로는 월계1교에서 월릉, 군자, 삼성까지 이어지는 총연장 13.9㎞의 4~6차로 유료도로이다. 소형차(15인승 이하 및 3.5톤 이하) 전용으로 운영될 장거리용 고속도로로, 의정부 경계까지의 확장공사까지 모두 마무리된다면 현재 강남에서 의정부까지 차량으로 한 시간이 넘게 걸리는 이동시간을 약 24분으로 단축할 수 있게 된다. 지역간선도로는 월릉교에서 중랑, 장안, 군자를 지나 성동까지 연결되는 구간이다. 전액 시비가 투입되어 건설되는 구간으로, 전 차종이 무료로 이용할 수 있다.

같은 동부간선도로인데 두 가지로 나뉘는 이유는 장거리용 도로와 중·단거리

(출처 : 서울시 보도자료, 2016년 12월 16일자)

용 도로를 구분하기 위한 것이다. 즉, 장거리를 빠르게 이동하기 위한 유료도로와 시내 곳곳으로 연결되는 무료도로를 따로 건설하여 효율성을 추구하는 것이다. 2016년 서울시가 발표한「중랑천 중심, 동북권 미래비전」에 따르면 한강을 통과하는 장거리교통은 민자사업으로, 한강 북쪽의 중·단거리 교통은 재정사업으로 추진하여 효율적인 교통체계를 구축한다는 내용을 확인할 수 있다.

또한 현재의 지상도로는 철거하고, 한강 북쪽 도로와 접한 중랑천 일대는 여의도공원 10배 규모의 수변공원으로 조성할 예정이다. 현재의 중랑천은 하천정비의 미숙으로 인한 악취와 동부간선도로의 매연 때문에 쾌적하지 못한 환경이라 수변지역이라는 장점을 제대로 살리지 못하고 있다. 동부간선도로 지하화 사업이 완료되면 이곳이 쾌적한 생태공원으로 정비되어 '노도강' 지역 인프라 개선에 큰 역할을 할 것으로 기대한다. 따라서 장기적으로 본다면 현재 중랑천 조망이 가능한 지역은 향후 주거지로서의 경쟁력을 확보할 가능성이 높다.

여기까지가 많은 분들이 알고 계신 동부간선도로 지하화 사업 효과이다. 그런데 앞서가는 투자자라면 이보다 한 발 더 나아간 미래를 그려볼 필요가 있다.

■ 용인-서울고속도로와의 연결성

동부간선도로 지하화 사업과 함께 살펴봐야 할 것이 대모산터널 건설 계획이다. 지하화될 동부간선도로는 3호선 학여울역 인근을 지나게 되는데, 학여울역의 남쪽은 영동대로가 끝나는 부분으로 현재는 대모산에 가로막혀 있다.

이 대모산을 관통하는 대모산터널이 개통되면 반대편은 곧장 용인-서울 고속도로와 연결된다. 다시 말해서, 동부간선도로는 지하화 구간과 대모산터널이 모두 개통되면 용인-서울 고속도로와 바로 연결된다. 이렇게 되면 동부간선도로는 의정부-창동-광운대-청량리-영동대로 지하복합환승센터-판교-광교-동탄까지 한 번에 연결하는 중심도로로 거듭나는 것이다.

중요한 지역끼리 연결할 때에는 도로와 철도를 함께 건설한다는 말씀을 자주 드렸는데, 동부간선도로와 비슷한 역할을 맡게 될 철도는 GTX-A노선과 C노선이

다. 이 두 노선은 삼성역(영동대로 지하복합환승센터)에서 환승이 가능하다. 삼성역에 만들어질 복합환승센터는 더 이상 설명이 필요 없을 정도로 엄청난 파급효과가 기대된다. 지역별 교통 결절점이 한 번에 연결되는 핵심지역이다.

■ 경부고속도로 지하화 사업

동부간선도로의 전체 구간이 개통되면 그 이후는 어떻게 바뀔지도 살펴봐야 한다. 마지막으로 살펴볼 곳은 한 번씩은 들어보셨을 경부고속도로 지하화 사업이다.

경부고속도로는 한강의 기적을 이끌었던 역사 깊은 도로이지만, 서울 강남의 동쪽과 서쪽을 갈라놓아 심각한 단절을 유발하는 원인이기도 하다. 엄청난 교통량으로 인해 소음과 분진 문제가 심각하자 인근 주민을 위해 대규모 방음벽이 설치되었고, 이 때문에 지역 간 단절이 유발된 것이다.

경부고속도로 지하화는 올림픽대로로 연결되는 한남나들목(IC)부터 양재나들목(IC) 구간을 지하화 하는 사업이다. 지하 2~3층은 도시고속도로(스피드웨이) 구간으로 상·하행선 각각 왕복 12차로의 복층터널을 만들어 양재나들목(IC)에서 잠원나들목(IC)까지 한 번에 연결하여 강남뿐 아니라 강북으로의 이동까지도 편리하게 구성하였다. 또한 기존 도로의 양재나들목(IC)과 반포나들목(IC) 사이의 진입로는 지하 1층에 만들어질 경부대로(로컬웨이)를 이용하여 강남권 주변도로로 이동할 수 있도록 계획했다.

지상에는 폭 100m, 길이 6㎞의 공원을 조성하고 정중앙에는 트램을 운행함으로써 강남의 상업지역과 연계된 랜드마크로 조성할 계획을 갖고 있다. 이러한 대규모 개발계획이 실제로 진행된다면 미국 보스턴의 93번 도로의 지하화 프로젝트인 '빅디그(Big Dig)'를 넘어 대한민국 대표 관광지가 될 것으로 생각된다.

예산 확보 계획도 구체적으로 제시되었는데, 경부고속도로의 나들목 부지를 개발하여 얻게 될 수익으로 진행한다는 계획이다. 우선 롯데칠성과 파이시티 두 곳의 부지를 상업시설로 용도 전환할 경우 공공기여금 1조6,000억 원을 확보할 수 있으며, 양재·서초·반포나들목 부지를 개발해서 1조 원, 강남고속버스터미널 이전 관련 땅값 등 최대 5조 원을 확보할 수 있는 것으로 조사되었다.

이렇게 비용까지 어느 정도 확보된 사업인데 30년이 넘도록 진행을 못하고 있는 이유는 바로 공사 진행 시 이용할 부지를 확보하지 못했기 때문이다. 경부고속도로는 동탄이나 오산 등 수도권 남부지역 주민들이 서울 중심부로 접근하기 위해 이용하는 핵심 노선인 만큼 교통량이 엄청나고, 그로 인한 상습 정체구간이기도 하다. 이런 상황에서 공사를 진행하기 위해 차선을 통제하면 어떻게 될까? 공사 기간 동안 인근지역의 심각한 교통마비 사태는 불 보듯 뻔한 상황이다. 그 때문에 사업성을 확보하고도 진행을 못하는 것이다.

하지만 동부간선도로 지하화 및 대모산터널 사업이 완성되면 어떨까? 수도권 남부지역 주민들 중 일자리 중심지인 강남 인근으로 접근하는 경우에는 삼성역(영동대로 지하 복합환승센터)으로 바로 이동할 수 있게 된다. 경부고속도로 통행량이 분산되는 것이다. 이렇게 되면 차선 통제가 가능해지고, 지하화 사업의 착공도 비로소 가능해진다. 그리고 강남 지역 중에서도 낙후되어 있던 경부고속도로 인근이 개발되면 전체적인 경제 발전에도 영향을 미치게 된다.

이처럼 크게 보면 동부간선도로 지하화 사업은 강북 지역의 균형발전뿐만 아니라 서울시 전체의 지각변동을 일으킬 수 있는 대규모 프로젝트라는 점을 잊지 말자.

GTX-B노선 및 C노선

GTX(광역급행철도)는 수도권 균형발전을 위한 교통 인프라 사업의 핵심이다. 서울역, 삼성역, 여의도역, 청량리역 등 서울의 중심지 역할을 하는 곳과 외곽지역을 빠르고 정확하게 이동하도록 하는 것이 목표다. 그중에서 동북권과 밀접한 관련이 있는 노선은 B노선과 C노선이다.

C노선은 2018년 12월에 B/C 1.36 및 AHP 0.616의 우수한 성적으로 예비타당성 조사를 통과하고 현재 기본계획 수립을 진행하고 있다. 양주(덕정)역, 청량리역, 삼성역, 수원역 등 10개 정거장 74.2㎞를 일반 지하철보다 서너 배 빠른 속도로 운행하기 때문에 수도권 동북부 및 남부지역의 광역교통 여건을 크게 개선할 것으로 기대된다.

B노선은 3기 신도시에 남양주 왕숙신도시가 지정된다는 것을 전제로 하여 B/C 1.00 및 AHP 0.540의 성적으로 예비타당성을 통과했다. 송도, 여의도, 청량리, 마석을 연결하는 노선으로 수도권 서남부 및 동북부 교통 소외지역에 편의성을

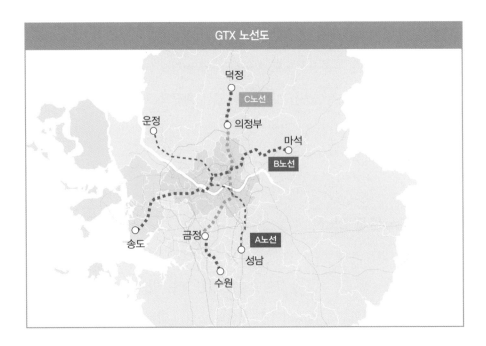

높여줄 것으로 예상된다.

서울 동북권에서는 B노선과 C노선이 환승되는 청량리역 외에도 B노선의 망우역과 C노선의 광운대역, 창동역 등이 수혜지역으로 예상되고 있다. GTX가 개통되면 역세권 접근을 위한 시내버스와 광역버스까지 운행될 계획이기 때문에 이곳은 복합환승센터의 기능을 수행하게 될 계획이다.

GTX-C노선과 관련이 있는 노선은 의정부발KTX다. 완성되면 훌륭한 호재가 되겠지만 의정부발KTX는 GTX-C노선의 선로를 공유해서 만들어진다는 계획이 세워져 있으므로 GTX-C노선이 먼저 개통된 후 진행될 수밖에 없는 사업이다. 그리고 아직 예비타당성 조사가 진행되지 않았기 때문에 긴 호흡을 가지고 지켜봐야 할 사업이므로 이번 책에서는 따로 설명하지 않겠다.

창동·상계 신경제중심지

창동·상계 신경제중심지는 2년 전 출간된 전작에서도 주목할 지역으로 자세히 다룬 바 있는데, 이번 책에서는 지난 2년간의 진행사항을 업데이트하여 집필해 보았다.

이른바 '노도강'이라 불리는 노원구, 도봉구, 강북구 지역은 서울시의 주요 베드타운으로서 주거지로서의 기능은 잘 갖춰져 있지만, 일자리 지역으로의 접근성이 상당히 떨어지는 곳이다. 지하철 1호선·4호선·7호선으로 강남이나 종로에 접근할 수 있고 동부간선도로 역시 강남으로 이어지지만, 지하철로는 장시간 이동해야 하며 동부간선도로는 차량정체가 상당히 심각하다. 그래서 상대적으로 발전이 더딘 것이 현실인데, 이런 곳에 일자리 중심지역이 될 업무·상업시설을 조성하여 자족도시로 발전시키려는 것이 바로 창동·상계 신경제중심지 계획이다.

앞서 53지구중심을 설명할 때 동그라미 하나에 두 지역이 언급되어 있는 곳을 살펴보라고 강조했었다. 함께 대규모 개발이 진행될 수 있는 곳이라고 언급했는데 창동·상계 신경제중심지가 여기에 속한다. 하지만 두 지역 사이에는 중랑천이라는 자연적 장애물이 가로지르고 있어 함께 개발하기가 다소 애매하다. 이런 이유로 서울시 지역발전본부는 두 지역을 연결하는 보행교를 건설하고, 창동교에서 상계교까지의 동부간선도로 구간에 지하차도를 건설하려고 계획 중이다. 총 1,345m의 도로를 폭 3~4차로로 연장 건설한다.

이처럼 함께 개발하려는 두 지역 사이에 자연적 장애물이 있을 때는 다리나 터널을 통해 하나의 생활권으로 묶는 계획이 수립된다. 대표적인 곳이 코엑스에서 영동대로 지하복합환승센터, 현대차GBC, 잠실운동장으로 이어지는 서울국제교

류복합지구, 그리고 수서-문정지구이다. 이에 대해서는 해당 챕터에서 자세히 다룰 예정이다. 다시 본론으로 돌아와서, 창동·상계 신경제중심지 사업은 총 4단계로 나눠서 진행되고 있다.

1단계 : 서울아레나와 창업문화 복합단지

창동역 인근 실내체육관 이전 부지에는 1만8,400명을 동시 수용할 수 있는 초대형 실내공연장인 '서울아레나' 건축 계획이 진행 중이다. 이는 국내 최대 규모의 실내 공연장으로, 기존에 공연장 대신 활용되었던 올림픽공원 체조경기장을 넘어서는 규모다. 점차 세계적으로 위상이 높아지고 있는 케이팝(K-POP) 공연은 물론 해외 뮤지션의 내한공연 등 초대형 공연을 소화할 수 있는 시설이다. 또한 아레나 시설을 보조하는 2,000석 규모의 중형 공연장과 영화관, 대중음악 지원시설, 레스토랑 등 각종 편의시설 등이 함께 조성되어 이 지역 일대를 복합문화시설 클러스터로 만든다는 계획이다.

(출처 : 서울시 제공)

고대 로마의 원형극장에서 비롯된 아레나(Arena)는 1만~2만 석 규모의 초대형 공연장을 뜻하는 말이다. 전 세계적으로 핵심적인 공연 인프라이지만 세계 10대 도시 중 아레나가 없는 도시는 서울이 유일하다. 창동에 건설될 서울아레나는 공연장, 숙박시설, 쇼핑몰을 연계한 관광 인프라의 거점 역할을 담당하게 될 시설이다. 사업이 완료되면 총생산 5,994억 원, 총부가가치 2,381억 원의 경제적 파급효과와 함께 총 7,765명의 고용·취업 효과가 예상된다.

이와 함께 진행되는 사업이 창업·문화복합단지 건립사업이다. 현재 창동역 앞에 위치한 창동환승주차장 부지에 2022년 '창동·상계 창업 및 문화산업단지'가 건립될 예정이다. 연면적 15만6,263㎡에 최고 높이 45층 규모의 시설로 레지던스, 창업 엑셀러레이팅 공간, 문화 관련 오피스, 문화집객시설(서점, 문화공연시설, 상업시설 등)이 입점을 계획 중이다. 2023년 완공을 계획하고 있는 서울아레나와 연계하여 이 일대를 수도권 동북부의 일자리·문화 중심지로 탈바꿈시킬 것으로 기대되는 사업이다.

레지던스는 타워동 6~45층에 만들어지는데 사회초년생, 스타트업, 문화예술인 등이 거주하면서 창업·창작 활동을 진행할 수 있는 공간으로 꾸며진다. 창업 엑셀러레이팅 공간은 '창업+교육+전시·마케팅'의 복합적인 기능을 갖춘 곳이다. 인근에 2020년 준공 예정인 '동북권 창업센터'와 동북권 15개 대학의 유망한 스타트업들이 유입돼 벤처기업으로 도약할 수 있도록 종합 지원하게 된다. 창동역 복합환승센터, 서울아레나와 도보로 접근할 수 있어 일자리 클러스터의 핵심거점으로 자리 잡게 될 예정이다.

2단계 : 복합유통단지

복합유통단지는 서울아레나를 중심으로 한 문화·예술산업의 거점으로 조성될 곳인데, 예정 부지에는 현재 농협 하나로마트가 영업 중이다. 해당 지점은 매출 전국 1위를 차지할 정도로 성업 중이지만, 지분의 30%가 서울시에 있기 때문에 농협은 개발 사업이 진행될 때 협조할 수밖에 없는 위치다.

하지만 서울시에서 양재R&CD 개발 사업을 진행하면서 분위기가 달라졌다. 2019년 8월, 서울시는 양곡도매시장을 인근 부지로 이전해 현대화하고, 해당 부지에 양재R&CD캠퍼스를 조성하겠다고 밝혔다. 그런데 문제는 양곡도매시장을 이전하기 위한 부지를 마련하려면 토지보상을 해야 하는데, 인근 지역은 토지가격이 높아서 서울시 예산으로는 부족하다는 점이다. 그래서 서울시는 부담을 줄이기 위해 부지가격이 좀 더 저렴한 창동 하나로마트 부지와 양곡도매시장 부지를 교환하는 방식으로 진행하고자 한다. 이런 이유로 창동 하나로마트 이전은 좀 더 긴 시간이 필요할 것으로 예상된다.

3단계 : 창동차량기지 및 도봉운전면허시험장 부지 개발

창동·상계 신경제중심지의 핵심 사업은 3단계로 분류된 창동차량기지와 도봉운전면허시험장 부지의 개발이다. 하지만 핵심사업인 만큼 당장 추진하기에 어려움이 많은 사업이기도 하다.

창동차량기지 이전과 관련해서 전작에서는 이전을 위한 진접차량기지 부지가 아직 확정되지 않았다고 했지만, 현재는 부지가 확보되어 공사를 시작했다. 그럼에도 여전히 완공까지는 긴 시간이 필요해 보인다. 2018년 8월 진접선 차량기지 1·2공구 건설공사 관련 용역이 발주되었는데, 1공구 인입선 건설의 용역기간은 71개월로 책정되었다. 하지만 2공구에는 창동차량기지 철거까지만 포함했는데도 87개월로 언급되어 있다. 여기에 혹시 모를 문제가 생기면 공사기간은 더 지연될 것으로 예상된다.

도봉운전면허시험장은 서울시에서 관리하고 있는 사업장이다. 서울시 입장에서 어떤 시설을 이전할 때 첫 번째로 고려해야 할 사항은 서울시 중 어느 곳으로

진접차량기지

이전할지이고, 두 번째는 만약 타 지역으로 이전하게 된다면 그쪽 지자체에 어떤 조건을 제시할지이다. 이런 이유로 도봉운전면허시험장 이전 사업 역시 장시간 표류했던 것이다.

2020년 3월 서울시, 노원구, 의정부시는 동반성장 및 상생발전 협약식을 개최했다. 도봉운전면허시험장을 장암역 인근으로 이전하고 서울시는 의정부 호원복합체육시설 건립과 장암역 환승주차장 개발 사업을 지원한다는 것이 주요내용이다. 해당 내용이 확정되면 창동차량기지, 도봉운전면허시험장 부지 개발사업도 수면위로 떠오를 것으로 기대한다.

창동역 인근 재건축 사업현황

단지명	준공년도	세대수	재건축 사업 현황
1단지	1988	2064	–
2단지	1987	2029	–
3단지	1988	2213	–
4단지		2136	–
5단지	1987	840	정밀안전진단 통과신탁방식 재건축(한국자산신탁)
6단지	1988	2646	
7단지		2634	–
8단지		–	분양·철거 완료 '노원꿈에그린' (1062세대, 2020년 12월 입주 예정)
9단지		2830	–
10단지		2654	–
11단지		1944	–
12단지		1739	–
13단지	1989	939	–
14단지		2265	–
15단지	1988	2100	공무원 임대
16단지		2392	16단지와 대지지분 공유

4단계 : 창동역 복합환승센터

복합환승센터의 파괴력은 앞에서도 여러 번 언급했다. 주거·업무·상업시설이 한 번에 들어서며 지역의 랜드마크 역할을 할 수 있는 시설이다. 창동역은 현재 1호선과 4호선이 운행되는 곳이지만 기본계획을 수립하고 있는 GTX-C 노선과 이후 진행될 의정부발KTX가 운행되면 4개 노선이 모여드는 교통의 중심지가 된다. 또한 철도 교통뿐 아니라 인근 지역과 연결된 버스까지 모여들면서 시내버스 및 광역버스 환승정류장 역할까지 담당하게 될 것으로 생각된다.

이렇게 1~3단계 사업이 진행되면 아레나, 창업지원센터, 쇼핑몰, 호텔, 컨벤션센터 등 양질의 업무·상업시설이 모여들게 되면서 이곳은 명실상부한 동북권의 신흥강자로 자리 잡을 수 있다. 이렇게 생활편의성이 좋아지면 해당 지역과 도보 접근이 가능한 인근 지역에는 거주하고자 하는 사람들이 늘어나고, 지역의 가치가 더욱 상승할 것이다. 창동·상계 지역의 평당가격이 올라가면 오래된 주택의 재건축·재개발 사업성도 좋아질 것이고 그만큼 개발업자들의 관심이 몰리며 신축으로의 전환도 쉬워질 것이다.

결국 원도심 개발에 긍정적 영향을 주겠다는 복합환승센터 사업의 지향점과도 일치하는 것이다. 아직은 시간이 필요하지만, 향후 창동·상계 지역은 앞으로 동북권을 대표하는 지역으로 자리 잡을 가능성이 크다.

광운대역 인근 지역은 동북권에서도 상대적으로 낙후된 곳으로 취급받는다. 기피시설인 시멘트공장과 물류센터가 있는 것, 그리고 차량기지와 중랑천에 둘러싸여 주변 지역과 단절되어 있는 것도 단점이다. 그러나 현재 운행 중인 1호선과 경춘선 외에 GTX-C노선(예정)과 동부간선도로 지하화 구간이 지날 예정이고, 악재로 지목되었던 시설들이 이전을 확정하면서 광운대역세권에 대한 관심도 높아지는 상황이다.

광운대역세권 개발에 대해서는 전작에서 자세히 다룬 바 있으므로 여기에서는 상황을 간단하게만 정리해 보겠다. 광운대역세권 개발 사업은 두 단계로 진행된다. 1단계는 물류시설 부지를 활용한 광운대역세권 개발 사업이고, 2단계는 광운대역의 민자역사 개발 사업이다.

그러나 사업 진행 과정은 지지부진했다. 2012년부터 2014년까지 두 차례의 민자사업자 공모를 진행했지만 결국 지원자가 없어 유찰되었다. 그 이유는 과도한 토지비와 대규모 부지를 일괄매각하는 것에 대한 부담감, 그리고 토지 정화처리 비용 부담에 대한 리스크 등 불확실한 사업성 때문이다. 하지만 토지를 나눠서 소유하고 있는 한국철도공사, 서울시, 노원구가 업무협약을 통해 분할매각 쪽으로 방향을 틀고 사업자에게 각종 부담을 줄여주기 시작한 결과 2017년 현대산업개발이 사업자로 선정되었고 진행 속도에도 탄력이 붙었다.

1단계 : 광운대역세권 개발 사업

서울시는 광운대역 인근을 동북권 중심지역 중 한 곳으로 조성할 계획을 세우고 있다. 인근의 월계지구에 문화·예술시설을 구축하고, 광운대역의 동서를 연결하는 도로를 건설하여 교통 인프라를 확충하며, 광운대 외 인근 10여 개 대학교와 연계한 캠퍼스타운 사업을 진행하고, 부족한 상업시설도 조성한다.

2017년 서울시와 노원구, 광운대는 협력을 통해 광운대역에 캠퍼스타운 거점 공간을 조성하기로 했다. 예비창업자에게 창업 관련 정보를 제공하고, 컨설팅 및 직업교육 등의 창업 지원 서비스를 제공하는 시설이다. 또한 동북권에 속해 있는 인덕대학교, 서울여자대학교, 서울과학기술대학교, 삼육대학교, 국민대학교와 함께 창업 클러스터 협력 체계를 구축해 캠퍼스타운을 확장할 계획이다.

또한 차량기지, 물류센터, 공장 등으로 인해 단절되었던 도로를 연결하여 광운대역의 동과 서를 하나의 생활권으로 구축·재정비하는 계획도 진행 중이다. 광운대역 바로 인근에는 중랑천이 있는데, 이것이 별로 큰 장점이 되지 못하고 있다. 바로 옆 동부간선도로에서 발생하는 매연과 정비되지 않은 중랑천의 환경 탓이다. 하지만 동부간선도로가 지하화 되고 중랑천이 수변공원으로 정비되면 이러한 단점은 해소되고 오히려 장점으로 부각될 것이다. 중랑천 조망권이 강점으로 작용하여 주거환경 개선에 큰 영향력을 미치게 될 것으로 보인다.

그리고 광운대역세권 개발 부지에는 생활체육시설, 도서관, 문화시설 같은 생활SOC시설이 확충되고 중심업무시설 및 상업시설, 숙박시설 등이 들어설 예정이다. 철도뿐만 아니라 버스노선도 확충함으로써 주변 지역과의 접근성을 개선할 계획이다. 교통망을 이용하기 위해서만 방문하는 곳이 아니라 소비생활을 위해서도 방문할 수 있는 곳으로 만들겠다는 것이다.

이는 복합환승센터의 목적과도 일맥상통하는 부분이다. 복합환승센터 사업이 얼마나 원활하게 진행되느냐는 사업성과 밀접한 관련이 있고, 사업성은 당연히 유동인구와 밀접한 관계가 있다. 광운대역세권 인근에는 이곳의 배후수요지가 될 장위뉴타운이라는 대규모 신축 주거지역이 들어서고 있기 때문에 더욱 발전 가능성이 높다.

2단계 : 광운대 민자역사 개발 사업

2단계 사업은 광운대역 자체에 호텔과 백화점 같은 상업·업무시설이 포함된 복합 민자역사를 짓는 것이다. 이미 1996년에 사업자가 선정되었지만 큰 진척이 없다가, 2009년 서울시의 사전협상 대상지로 선정되면서 추진 동력을 얻는 듯했다. 하지만 사업자가 경영난을 겪는 등 다시 난항에 빠지면서 2013년 이후에는 사업이 잠정 중단되기도 했다.

이런 이유로 2018년 코레일이 민자사업자가 가진 사업권을 회수하면서 개발 사업이 백지화되었지만, 1단계 광운대역세권 개발 사업이 진행되면 재추진의 동력을 얻을 것으로 기대된다. 특히 양주와 수원을 잇는 GTX-C노선이 예비타당성 조사를 통과하고 현재 기본계획 수립을 진행하고 있기 때문에 이곳의 사업성은 더욱 개선될 것으로 기대된다.

구의·자양 재정비촉진지구와 동서울터미널 개발

　　동북권 중에서도 구의동과 자양동 인근 지역은 한강과 가깝고, 다리만 건너면 바로 강남이나 잠실로 연결되는 곳이다. 그럼에도 잠실대교를 중심으로 강남의 잠실역 인근에 비해 강북의 구의역 인근은 개발 집중도 측면에서 엄청난 차이를 보여준다.

　　잠실대교를 기준으로 봤을 때 한강 이남에는 핫플레이스인 잠실역이 자리 잡고 있다. 제2롯데월드, 롯데타워, 롯데백화점, 롯데월드 등 엄청난 상권을 자랑하는 곳으로 지하에는 수많은 광역버스들이 모여드는 잠실환승센터가 운영되고 있다. 이와 비교해서 잠실대교 북단의 구의·자양 지역은 상대역으로 인프라가 열악하지만, 변화의 바람이 불고 있다.

구의·자양 재정비촉진지구는 법원 및 검찰청 이전 부지와 우체국 부지, KT 부지 등을 통합해 진행하는 대규모 지역개발 사업이다. 이곳에는 2호선이 지하가 아닌 지상철로 운행될 뿐 아니라 동서울우편집중국, 동부지방법원, 검찰청, KT 등의 부지로 인해 지역 간 단절이 심각한 곳이다.

동부지방법원과 검찰청을 문정법조타운으로 이전하고 이 지역을 구의·자양 재정비촉진지구로 묶어서 함께 개발한다는 계획은 이미 십 수 년 전부터 세워져 있었다. 지지부진했던 이 사업이 최근에 와서 다시 탄력을 받게 된 가장 큰 이유는 문정법조타운의 상황 때문이다. 문정법조타운은 2000년대 초반에 계획이 수립되었지만 크고 작은 이슈로 사업이 조금씩 지연되다가 2017년에야 입주를 시작하게 되었다(자세한 내용은 문정·수서 지역 부분 참고). 개발할 부지의 시설을 이주하기 위한 신규부지의 조성이 늦어지다 보니 구의·자양 지구의 개발 역시 늦어질 수밖에 없었지만, 이전이 완료된 지금은 개발 사업을 진행하기 위한 좋은 타이밍이 다가온 것이라고 볼 수 있다.

구의·자양 재정비촉진지구

현명한 투자자라면 이전을 완료한 후 공터로 남을 부지를 어떻게 개발할지에 집중해야 한다. 현재 진행되고 있는 구역은 총 5개이다.

과거 KT 부지였던 자양1구역에는 업무·판매·숙박·주거시설이 자리 잡을 예정이다. 동북권에는 건대입구역에 위치한 스타시티와 롯데백화점, 미아사거리에

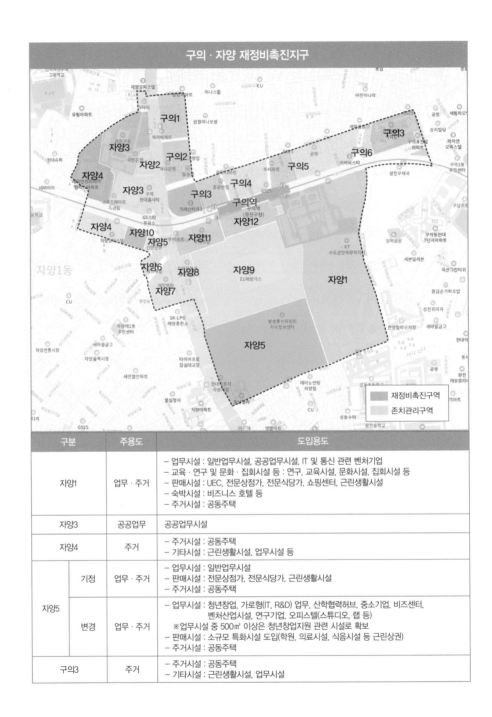

구의 · 자양 재정비촉진지구

구분		주용도	도입용도
자양1		업무 · 주거	– 업무시설 : 일반업무시설, 공공업무시설, IT 및 통신 관련 벤처기업 – 교육 · 연구 및 문화 · 집회시설 등 : 연구, 교육시설, 문화시설, 집회시설 등 – 판매시설 : UEC, 전문상점가, 전문식당가, 쇼핑센터, 근린생활시설 – 숙박시설 : 비즈니스 호텔 등 – 주거시설 : 공동주택
자양3		공공업무	공공업무시설
자양4		주거	– 주거시설 : 공동주택 – 기타시설 : 근린생활시설, 업무시설 등
자양5	기정	업무 · 주거	– 업무시설 : 일반업무시설 – 판매시설 : 전문상점가, 전문식당가, 근린생활시설 – 주거시설 : 공동주택
	변경	업무 · 주거	– 업무시설 : 청년창업, 가로형(IT, R&D) 업무, 산학협력허브, 중소기업, 비즈센터, 　　　　　　벤처산업시설, 연구기업, 오피스텔(스튜디오, 랩 등) 　※업무시설 중 500㎡ 이상은 청년창업지원 관련 시설로 확보 – 판매시설 : 소규모 특화시설 도입(학원, 의료시설, 식음시설 등 근린상권) – 주거시설 : 공동주택
구의3		주거	– 주거시설 : 공동주택 – 기타시설 : 근린생활시설, 업무시설

위치한 의 현대백화점과 롯데백화점을 제외하면 이렇다 할 상업시설이 부족한 것이 현실이다. 하지만 자양1구역에 상업시설을 비롯한 각종 편의시설이 갖춰지게 되면 인근 지역의 가치는 더욱 높아질 것으로 기대된다. 자양1구역에는 호텔과 35층 규모의 오피스텔, 31층 규모의 업무시설, 17층 규모의 구청청사, 그리고 총 1,363세대(분양 631세대, 임대 432세대, 행복주택 300세대)가 입주할 수 있는 공동주택 7개 동이 만들어질 계획이다.

자양5구역은 우정사업정보센터가 나주로 이전하면서 비어 있는 부지가 되었다. 여기에는 상업시설 및 가로형 업무시설(1~5층 배치), 업무타워(1개 동 30층), 공동주택(4개 동 24~28층), 총840세대의 주거시설(분양 538세대, 임대 302세대)이 만들어질 것으로 계획되어 있다.

그 외에 광진구청사 재건축이 계획되어 있는 자양3구역과 래미안프리미어팰리스 아파트로 재건축된 자양4구역까지 포함하면 구의역 일대는 편리한 인프라와 지역 단절 극복을 통해 한 단계 업그레이드 될 것으로 기대된다.

동서울터미널 부지 개발 사업

바로 옆 개발 호재가 예정된 곳이 동서울터미널 부지 개발이다. 동서울터미널은 비수도권에서 서울로 접근하기 위한 관문 역할을 담당하는 버스터미널로, 1987년 문을 연 이래 30년 가까이 운영되어 왔다. 그러면서 시설 노후화, 터미널 용량 초과, 혼잡한 주변 교통 환경, 지상에 위치한 넓은 버스차고지 등으로 인해

동서울터미널

(출처 : 한진중공업 설계제안서, 서울시 제공)

인근 지역 개발을 저해하는 시설로 지목받아 왔던 것이 현실이다.

이랬던 곳이 버스터미널에 호텔, 업무시설, 관광시설, 상업시설이 결합된 랜드마크로의 변신을 꾀하고 있다. 지상 1층에 위치한 터미널의 승·하차장과 주차장을 모두 지하 1층에서 3층까지로 옮기고, 교통량을 수용 가능한 시설 규모도 늘릴 계획이다.

여기서 주목할 만한 점은 '이전'이 아니라 '지하화'라는 사실이다. 이렇게 대규모의 시설을 이전하려면 이전할 부지를 마련하느라 많은 시간을 허비하게 되는데, 동서울터미널 개발 사업은 이전이 아닌 지하화에 집중하고 있다. 다시 말해서 이전할 부지를 마련하느라 진통을 겪지 않고 비교적 빠르게 사업을 진행할 수 있다는 뜻이다. 현재 신세계프라퍼티와 한진중공업이 공동개발 방식으로 사업을 진행하고 있다. 동서울터미널의 운영·관리 주체인 한진중공업은 상인들과 1년 단위로 계약해오던 임대차계약을 2019년 12월 31일을 끝으로 더 이상 연장하지 않기로 했다. 개발 의지를 보여주는 한 부분이 아닐까 생각된다.

이곳은 버스 전용 진출입도로를 설치하고, 대중교통과 연계한 지하 보행공간을 통해 지하철2호선과 연계 개발을 함으로써 개발 규모를 확대할 예정이다. 지상 44~45층 높이의 고층건물 3개 동이 들어올 예정으로, 총 사업비는 약 1조 1,000억 원이다. 동서울터미널 부지가 구의역 일대 개발과 연계되면 엄청난 시너지를 보여줄 것으로 기대된다.

2호선 지상철 구간 지하화

광진구에서는 또 하나 주목해야 할 이슈가 있는데 바로 서울2호선의 지하화사업이다. 광진구는 2019년 1월 한양대역-잠실역의 지상구간 지하화에 대한 타당성조사 및 실행방안 연구용역을 진행하였다. 2호선 중에서 왕십리역-잠실역 구간(9.02km)과 용답-성수 구간(1.4km)은 고가철도의 형태로 지상으로 운영되고 있는

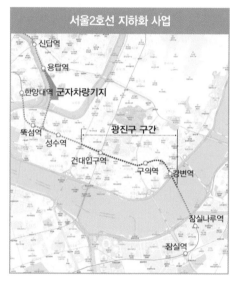

데, 철도의 양쪽으로 지역을 단절시키고 도심의 미관을 저해하는 시설이다. 이 부분이 지하화 되면 인근 지역의 개발 사업과 함께 시너지 효과를 낼 수 있을 것으로 기대된다.

하지만 오래 전부터 이슈화 되었던 문제인데도 아직 진행이 되지 못하는 데에는 이유가 있다. 지하화 사업을 진행하는데 필요한 재원도 문제지만, 공사기간 동안 이를 대체할 교통 대책이 마련되어야 하는 등 해결해야 하는 문제가 산더미처럼 쌓여 있기 때문이다. 따라서 2호선 지하화 사업에는 긴 호흡이 필요할 것으로 생각된다.

서남권 살펴보기

서남권은 서울시에서 준공업지역이 가장 넓게 분포되어 있는 곳이다. 가산·구로디지털단지, 문래-양평동 지역, 가양동 지역 등 서울시에 분포된 준공업지역의 대부분이 서남권에 몰려 있다. 따라서 서남권은 다른 4개 권역과 달리 상업지역 확대지정보다는 준공업지역의 규제를 완화해서 낙후된 지역을 개발하려는 계획이 수립되어 있다.

이런 개발이 가능하기 위해서는 해당 지역을 선도할 일자리 지역의 존재가 필수인데, 서남권에는 마곡지구라는 든든한 양질의 일자리 지역이 버티고 있다. 뿐만 아니라 신안산선 건설, 서부간선도로 지하화, 구로차량기지 이전, 신림선·서부선 경전철, 국회대로(제물포로) 지하화 등 교통 인프라 확충을 위한 다양한 호재가 준비되고 있다. 게다가 전통의 강자 여의도와 영등포가 변화를 준비하고 있으며, 신흥 개발지역으로 각광받는 이수-사당 지역도 변신을 준비 중이다. 하나씩 살펴보면서 서남권의 미래를 그려보도록 하자.

서부간선도로 지하화

2018년 발간된 「서울시 차량통행 속도보고서」를 살펴보면 서울시에서 운영하는 주요 도시고속도로 중 평균 이동속도가 가장 낮은 곳은 서부간선도로다. 수원, 의왕, 안산 등 수도권 서남부지역에서 서울 중심부로 접근하기 위해서는 지하철 1호선(국철)과 도로교통 외에는 마땅한 방법이 없는 것이 현실이다. 그런데 버스, 자가용, 택시 등 서남부 지역 도로교통 수요의 대부분이 이용하는 서부간선도로는 편도 2~3차선밖에 되지 않기 때문에 만성적인 차량정체가 심각하다. 또한 도시고속도로의 특성상 인근 지역에 대한 소음과 분진을 막기 위해 거대한 방음벽을 설치했기 때문에 지역 간 단절을 유발할 수밖에 없다.

이런 문제를 해결하기 위해 서부간선도로 지하화 사업이 진행하고 있다. 바로 옆 안양천 지하에 신규도로를 개설하고, 기존 도로는 일반도로로 전환하며, 방음벽을 철거하고 횡단보도를 설치해서 단절을 해소한다는 것이다. 이것은 또한 안양천과 연계된 도시재생과도 이어진다.

서부간선도로의 방음벽과 맞닿아 있는 곳에는 낙후된 준공업지역이 많은데, 이곳을 개발하는 사업이 진행 중이다. 대표적인 것이 '가산디지털단지'라고도 불

서부간선도로 지하화 사업

리는 서울디지털산단(G밸리)이다. 이에 대해서는 뒤에서 다시 한 번 설명하겠다.

"나무를 보지 말고 숲을 보라"는 말이 있는데, 서부간선도로를 설명할 때 어울리는 문장이다. 서부간선도로를 분석할 때는 좁게는 지하화 구간을 봐야 하지만, 넓게는 연결되는 도로를 함께 살펴봐야 한다. 북쪽으로는 월드컵대교(2020년 하반기 개통)와 연결되어

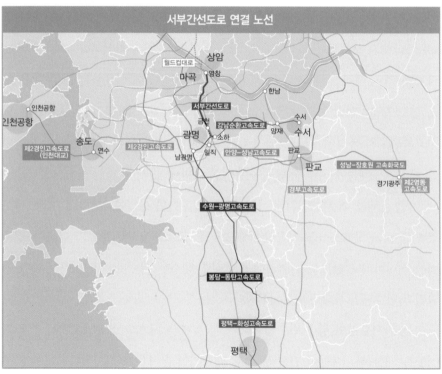

서부간선도로 연결 노선

이후 서울-문산고속도로(2020년 12월 개통 예정)로 이어지며, 남쪽으로는 수원-광명고속도로, 화성-평택고속도로와 연결된다. 동쪽으로는 강남순환고속도로, 안양-성남고속도로와 연결되며, 서쪽으로는 제2경인고속도로와 연결된다. 이처럼 핵심 도로노선과의 연결성 때문에 서부간선도로 지하화 사업은 더욱 강력한 영향력을 보여줄 것으로 기대한다.

서부간선도로 연결로 한 번에 이동이 가능해지는 곳을 살펴보자. 먼저 남북으로는 파주-상암-마곡-광명-평택까지 한 번에 이동할 수 있게 된다. 경기도의 북쪽까지 연결될 서울-문산고속도로는 서부간선도로를 지나서 착공을 앞둔 서울-광명고속도로, 그리고 먼저 개통된 수원-광명고속도로와 연결된다. 이후 평택과 익산을 잇는 서해안내륙고속도로 사업이 진행되면 서해안벨트의 도로교통 인프라를 담당하는 큰 축이 될 문산-익산고속도로가 완성된다.

동서로는 인천공항에서 시작해서 송도-광명-양재-수서까지 한 번에 이어질 수 있다. 인천국제공항과 인천국제여객터미널에서 시작해서 제2경인고속도로를 이용하다가 안양-성남고속도로, 성남-장호원고속화국도, 그리고 제2영동고속도로를 이용하면 강릉으로 한 번에 연결되고, 동해고속도로를 이용하면 삼척과 속초까지도 빠르게 이동할 수 있다.

이렇게 연결되는 지역들을 살펴보면 현재도 일자리가 풍부한 지역이지만, 미래에도 일자리가 계속 증가할 만한 곳들이다. 북쪽으로 연결될 월드컵대교를 건너면 바로 상암 디지털미디어시티(DMC)와 연결되고, 서울-문산고속도로를 이용하여 좀 더 올라가면 파주 디스플레이단지까지 한 번에 접근이 가능하다.

또한 지하화될 서부간선도로는 남 쪽 끝부분인 소하나들목(IC)에서 강남순환고속도로와 직결될 예정이다. 강남순환고속도로의 반대쪽 끝부분인 선암나들목(IC)은 현재 양재나들목(IC) 부근에서 진행 중인 터널 공사가 마무리되면 양재대로로 직결되는데, 이후 동부간선도로 수서나들목(IC)까지 곧장 이어진다. 차량흐름이 많은 구간을 터널로 무정차 이동하게 되므로 수서역까지 신속한 접근이 가능하다.

이 경우 앞으로 KTX 출발역으로의 기능을 맡게 될 광명KTX역과 현재 SRT의 출발역인 수서역을 한 번에 연결하는 도로로서 더욱 각광받을 것으로 예상된다. 또한 국토부와 서울시에서 심혈을 기울이고 있는 양재R&CD 사업 또한 급물살을 타고 있기 때문에 이곳의 가치는 더욱 높아질 것으로 기대된다.

신안산선

신안산선은 서남권에서도 상대적인 교통 소외지역인 금천과 경기도 안산, 시흥의 편의성을 증대시켜줄 노선으로 평가받는다. 경기도 안산·시흥 지역에서 여의도까지 15개 정거장으로 구성된 총연장 44.7㎞의 노선이다. 신안산선은 지하 40m 이하의 대심도에 건설되는 철도로, 최대 시속 110㎞로 운행될 광역급행열차이다. 개통되면 한양대 안산캠퍼스에서 여의도역까지 25분, 안산시에 위치한 원시역에서 여의도역까지 36분 만에 이동이 가능하다.

신안산선은 일부 구간의 선로를 소사-원시선(서해선)과 공유하는데 원시역-원곡역-초지역-선부역-달미역-시흥능곡역-시흥시청역 구간이 여기에 해당한다.

2019년 9월 착공식을 진행했고 현재 차량발주까지 완료된 상황이다. 신안산선에 대한 자세한 내용은 전작에 자세히 설명했으니 참고하시기 바란다.

신안산선은 추진 속도가 상당히 빠른 노선에 속하는데, 그 이유는 서해선이라는 큰 그림에 화룡점정 역할을 하기 때문이다. 정부가 집중하고 있는 서해안벨

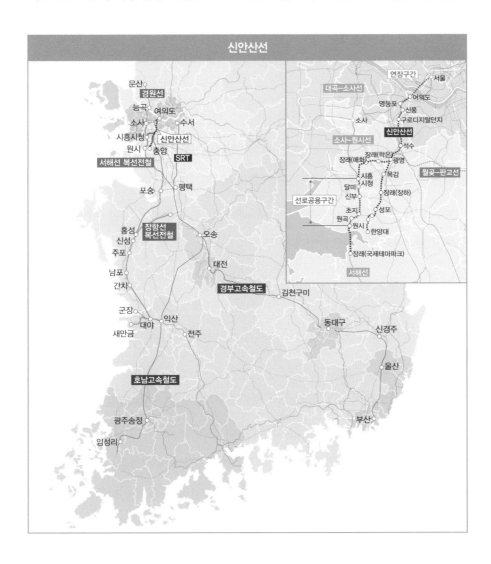

트의 완성을 위해서는 서해안을 연결할 철도망인 서해선이 필수다. 파주에서 시작되는 경의중앙선이 서해선(대곡-소사-원시선)과 연결된 후 다시 서해안복선전철과 연결되면 해당 철도는 문산-익산고속도로와 함께 서해안벨트 개발을 위한 핵심 인프라가 된다.

하지만 여기에는 중요한 부분이 빠져있는데 바로 원시-송산 구간이다. 이 구간은 본래 경기도 화성에 만들어질 예정이었던 유니버설스튜디오 건설사업의 사업주체가 함께 건설하기로 했던 부분이다. 하지만 유니버설스튜디오가 사업지를 중국으로 옮기면서 원시-송산 구간 건설도 좌초될 수밖에 없었다. 이 구간을 담당하게 된 것이 바로 신안산선이다.

국회대로(제물포로) 지하화

경인고속도로 신월나들목(IC)에서 영등포구 여의대로까지 이어지는 7.53㎞의 국회대로(제물포로)를 지하 고속화도로로 바꾸는 국회대로 지하화 공사가 진행 중이다. 완공되면 신월나들목(IC)에서 서인천나들목(IC)까지 지하화 계획이 있는 경인고속도로와 연결되고, 이후 경인고속도로의 일반화 구간인 인천대로까지 이어진다. 인천항-루원시티-부평-부천-목동 그리고 여의도까지 한 번에 연결되는

도로 인프라 개선 사업이 진행되는 것이다.

그동안 국회대로는 도로 양쪽을 단절시키고 매연과 분진을 일으키는 시설로 취급되었으나, 지하화 사업이 완료되면 지상에는 공원을 조성하여 인근 지역 개발에도 큰 도움이 될 것으로 생각된다.

2020년 1월 서울시는 국회대로를 지하화 한 후 지상부 7.6km 구간에 선형공원을 조성한다는 계획을 발표했다. 2021년 하반기에 착공하여 2024년 6월 전 구간 개장을 목표로 하고 있다. 경의선숲길, 경춘선숲길, 서울로7017에 이은 서울의 새로운 녹색벨트이자 뉴욕의 하이라인파크(High Line Park), 시드니의 굿즈라인(The Goods Line) 같은 세계적인 선형공원으로 만든다는 계획이다.

서남권 포커스 ①
마곡지구

서남권 중에서 관심이 몰리는 곳은 단연 마곡지구이다. 단순히 신축 아파트와 일자리가 많은 곳이라서가 아니라 자연환경이나 교통 인프라 측면에서도 상당히 매력적인 곳이기 때문이다. 마곡지구는 3개 지구로 나뉘어 있다. 1지구는 주거 중심지역, 2지구는 업무 중심 지역, 3지구는 얼마 전 오픈한 보타닉공원(서울식물원) 지역이다.

현재 서울 5호선과 9호선, 인천공항철도가 운행되고 있으며 특히 9호선의 장점인 급행열차가 마곡나루역에 정차한다. 또한 김포공항이 가깝고, 2021년 개통할 대곡-소사선을 김포공항역에서 환승할 수 있게 되면서 수도권 서남부·서북부 지역으로의 접근성뿐 아니라 전국 각지로의 접근성이 상당히 좋은 곳이다.

마곡지구에 관심이 쏟아지는 이유는 무엇보다 양질의 일자리가 풍부한 곳이기 때문이다. 이곳에는 LG, 에쓰오일(S-Oil), 넥센타이어, 롯데 등 대기업 연구소들이 입점하면서 고소득 연봉자들이 진입하게 되었다.

강소기업을 위한 지원 또한 활발하다. 매각하지 않은 부지 11만795㎡를 강소기업 R&D 융복합혁신거점으로 조성한다는 계획을 발표했다.

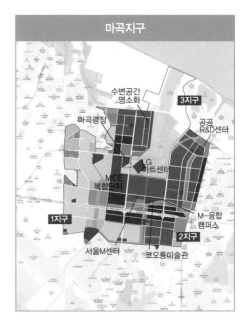

1,000여 개 강소기업이 성장할 수 있는 시설을 만들어 총 10만 개 일자리를 집적한다는 것이다. 강소기업의 연구개발비용을 지원하는 '마곡발전기금'을 조성하며 비강남권 최대의 마이스(MICE. 복합전시산업) 단지, 마곡광장, 공연장 및 미술관을 함께 건설하여 일자리를 창출할 계획을 수립하고 있다. 강소기업을 위한 오피스 공간과 연구공간을 주변 시세보다 저렴하게 임대하며, 연구장비를 공유하고, 시제품 제작 등을 지원하는 앵커시설도 만든다.

이렇게 앵커시설이 마련된 지역에는 입주를 희망하는 기업이 증가할 것이고 그만큼 유동인구도 많아질 것이다. 서울의 전통적 일자리 중심지인 강남, 여의도, 종로에 이어 마곡이 신흥강자로 떠오를 거라는 예상이다.

마곡과 연결되는 노선

이런 이유로 수도권 서·남·북부 지역의 택지지구 중에는 마곡 접근성을 중요하게 생각하는 곳이 많은데, 대표적인 곳이 김포한강신도시와 검단지구이다.

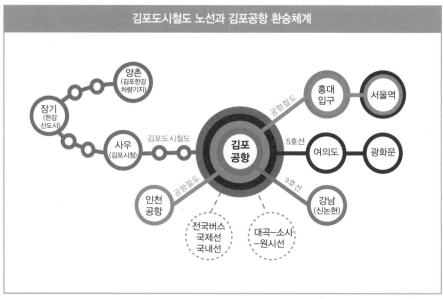

김포도시철도 노선과 김포공항 환승체계

9호선–공항철도 직결 계획

■ 김포골드라인

2019년 김포신도시에는 많은 분들이 기다리던 김포골드라인 경전철이 개통했다. 기존에 김포시민들은 도로를 이용해서만 서울 접근이 가능했는데, 김포골드라인 개통으로 교통 편의성이 크게 개선되었다.

도로 교통체증이 심각했던 곳에 정시성이 보장된 경전철이 들어오면서 이용자 수가 계속 증가하는 중이다. 특히 김포공항으로 한 번에 이동이 가능하기 때문에 한 번의 환승을 통해 마곡, 여의도, 상암, 서울역까지 접근이 가능하다는 장점을 얻게 되었다.

■ 인천공항철도와 9호선

인천공항철도 역시 중요하게 살펴봐야 한다. 2018년 9월에 9호선과 인천공항철도가 환승 가능한 마곡나루역이 개통되었는데, 이때 역사 조성비용 700여 억 원을 서울시가 전액 부담했다. 그만큼 서울시가 마곡나루역을 중요하게 생각한다는 뜻이다. 마곡지구는 서울시에서 진행하는 사업인데, 인천공항철도가 연결되면 영종도의 인천국제공항은 물론 서울역의 KTX까지 접근성이 상당히 좋아진다. 뿐만 아니라 상암DMC와 홍대입구 접근성까지 확보할 수 있기 때문에 기업 입주가 마무리될 때쯤 마곡지구의 경쟁력은 더욱 높아질 수 있다. 이러한 이유 때문에 서울시에서 전액 예산을 투입한 것으로 예상할 수 있다.

반대로 인천공항철도로 연결되는 기존 역사 인근 지역도 마곡지구의 수혜를 얻을 가능성이 있다. 인천의 검암역과 계양역, 그리고 이 두 지역으로의 접근성이 좋은 인천1호선과 인천2호선 역세권도 마곡으로의 접근성이 좋아지며 좀 더 좋은 평가를 받을 수 있는 것이다.

사실 인천공항철도는 예전부터 9호선과 직결되는 것으로 사업이 계획되어 있었다. 환승이 가능한 김포공항역의 경우는 이미 상행선과 하행선의 선로가 연결되어 있고 인천공항철도는 직류전류, 9호선은 교류전류를 이용한다는 차이만 있다. 그래서 직·교류 혼합열차를 투입하고 신호체계만 개선하면 9호선과 인천공항철도의 연결은 빠르게 현실화될 가능성이 높다.

하지만 현재 9호선은 배차간격이 상당히 짧은 반면, 인천공항철도 열차는 9호선에 투입하더라도 배차간격이 상당히 길어질 것으로 생각된다. 2017년 2월 서울시는 이와 관련된 보도자료를 낸 바 있는데, 두 노선을 직결할 경우 시간 절감 효과는 3분 정도이고, 배차간격은 35분에 1대로 생각보다 효과가 크지 않다고 언급하고 있다. 이렇게 되면 두 노선의 직결 운영이 현실화되어도 생각보다 편의성이 크게 개선되기를 기대하기는 어려울 것이다. 역세권도 옥석을 가려야 한다는 말은 여기에도 적용된다.

■ 서해선(대곡-소사-원시선)과 S-BRT

마곡과 연결되는 배후노선 중에서 오히려 관심을 가질 만한 것은 대곡-소사선이다. 2018년 대곡-소사선의 아랫부분에 해당하는 소사-원시선이 개통되면서 많은 이들의 기대를 한 몸에 받았지만 생각보다 큰 파괴력은 보여주지 못하고 있다. 소사·원시 구간만으로는 주요지역으로의 접근성이 크게 개선되지 않기 때문이다.

하지만 전작에서도 설명했듯이, 나머지 구간인 대곡-소사선이 개통되어 2021

년 서해선(대곡-소사-원시선)으로 변신하게 되면 달라질 것이다. 김포공항역에서 환승이 가능해지며 마곡 접근성이 개선될 것이고, 또 하나의 교통결절점 역할을 할 당아래역(부천종합운동장역)도 이용이 가능해진다. 당아래역은 7호선, 서해선, GTX-B노선, 남부광역급행철도 환승이 가능하고 시범사업으로 진행되는 S-BRT도 이용이 가능한 복합환승센터 기능을 할 예정이다.

특히 S-BRT는 3기 신도시인 인천 계양지구, 부천 대장지구의 핵심 교통대책이다. 김포공항역, 박촌역, 부천종합운동장역(당아래역)으로 이어지는 S-BRT는 GTX-B노선, 5호선, 9호선, 공항철도 등의 주요 지하철역과 연결된다. 그만큼 출·퇴근 시간을 단축할 수 있을 것으로 기대되므로 대곡-소사-원시선 전 구간 개통 이후의 역세권은 마곡의 배후지역으로 재평가될 가능성이 크다.

마곡과 일산의 관계

이처럼 기업들이 모두 자리 잡고 나면 마곡지구는 서남권뿐 아니라 서울 전체에서도 주목받는 핵심지역으로 자리매김 하게 된다. 문제는 마곡지구 및 배후지역에 입주할 고소득자 세대들이 만족할 만한 학군이나 학원가가 마곡 내부에는 아직 형성되지 않았다는 것이다.

마곡의 인근 지역 중 학군이 잘 갖춰진 대표적인 곳은 목동이다. 전통적인 학군 강세 지역으로 양질의 학원가가 성업 중이기 때문에 마곡에 직장을 둔 고소득자 세대의 목동 선호 현상은 더욱 높아질 것으로 보인다.

두 번째 살펴봐야 하는 곳은 일산이다. 일산의 후곡학원가와 백마학원가는 전통적인 학군 강세 지역이며, 우수한 초등학교 및 중학교 학군까지 갖춰져 있다. 마곡에 직장을 둔 고소득자 세대들이 충분히 거주를 고려해볼 만한 지역이다.

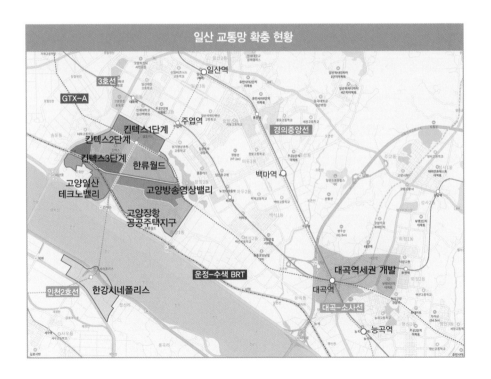

■ 서해선 일산 연장

또 하나 중요하게 살펴볼 것은 앞서 살펴보았던 대곡–소사선, 즉 서해선의 일산역 연장이 확정되었다는 점이다. 서해선은 설계 당시부터 경의중앙선과 연결하기로 계획되었던 노선이다. 그래서 선로 연결작업에는 전혀 문제가 없으며, 백마역과 일산역에는 이미 비어 있는 승강장이 있어 역사에 선로를 추가하는 작업도 필요 없다. 이런 이유로 2021년 일산역 연장까지 동시에 개통될 것으로 예상되는데, 이럴 경우 일산역과 백마역 인근 지역도 김포공항역으로의 접근이 한층 편리해진다. 한 번의 환승으로 마곡지구까지 접근할 수 있도록 편의성이 개선되는 것이다.

일산역에는 인천2호선 연장 사업도 추진 중이다. 인천시의 지하철이지만 고양시가 협조하고 있기 때문에 일산역은 앞으로 경의중앙선, 서해선, 인천2호선이 모여드는 트리플 역세권으로 관심받을 것으로 생각된다.

■ 고양방송영상밸리

뿐만 아니라 일산역은 고양시에서 가장 집중하고 있는 사업인 킨텍스 주변지역 개발 사업과도 연결된다. 이곳에서 진행 되고 있는 첫 번째 사업은 고양방송영상밸리개발 사업이다. 이곳은 현재도 MBC방송제작센터, EBS 본사, JTBC방송제작센터, CJ스튜디오 등이 자리 잡고 있으며 UHD 생방송이 가능한 고가 장비가 갖춰진 고양빛마루가 운영되고 있다. 여기에 한류월드, CJ라이브시티(K-컬처밸리), 일산테크노밸리 및 인근 지역 방송제작센터들과 연계하여 경기 서북부지역 일대를 미디어산업의 중심지로 발전시킨다는 것이 경기도와 고양시의 계획이다.

주요시설로는 방송제작센터(약 17만㎡ 규모), 업무·도시지원시설(약 6만㎡ 규모), 주상복합시설(약 14만㎡ 규모), 공원·녹지·주차장·학교 등 기반시설(약 30만㎡ 규모) 등이다. 방송제작센터와 지원시설에는 국내 주요 방송사의 스튜디오는 물론 방송·영상·뉴미디어콘텐츠 분야의 스타트업들이 입주할 예정으로, 조성이 완료되면 3만여 개의 일자리와 4조 원 규모의 생산유발 효과를 기대하고 있다.

고양방송영상밸리가 완성되면 이곳은 고양 지역을 대표하는 랜드마크로 자리매김할 수 있다. 2019년 경기도 도시계획심의를 통과하였으며, 잘 진행된다면 이후 킨텍스-대곡-상암DMC를 연결하는 방송영상 클러스터에 한 축을 담당할 것으로 기대하고 있다.

■ 일산테크노밸리

킨텍스의 서남쪽에는 일산테크노밸리 사업이 진행되고 있다. 광명-시흥테크노밸리와 더불어 경기도에서 집중 관리하는 사업으로 2019년 12월 고양시 도시계획위원회 심의를 통과한 사업이다. 경기도, 고양시, 경기도시공사, 고양도시관리공사 등 4개 기관이 공동시행하는 사업으로 4차 산업혁명을 선도하는 AR(증강현실)·VR(가상현실) 산업과 ICT(정보통신기술) 기반 첨단융복합산업, 방송·영상콘텐츠산업 등을 위한 연구시설이 조성될 계획이다. 인근에 위치한 방송제작센터, 고양방송영상밸리와 연계된다.

약 32만㎡의 부지를 산업시설용지로 계획하고, 단지 전체를 총 4개 구역(테크노, 사이언스, 비즈니스, 커뮤니티)으로 특화 조성하여 연구시설, 복합시설, 지원시설을 만든다. 특히 지원시설의 경우 캠퍼스타운이나 캠퍼스 혁신파크와 비슷한 성격의 앵커시설이 계획되어 있다. 고가의 장비를 공유하고, 공유 오피스를 만들며, 시제품 제작과 경영컨설팅을 지원하여 스타트업들이 사업에만 몰두할 수 있도록 한다.

　일산테크노밸리는 GTX-A노선, 서해선 일산연장, 인천2호선 등의 철도 교통과 자유로, 제2자유로, 서울-문산고속도로 등 도로 교통이 잘 갖춰질 예정이라 서울 중심부 및 인천국제공항으로의 접근성이 뛰어날 것으로 생각된다. 여기에 주거·상업 인프라까지 갖춰지기 때문에 사업설명회에 260여 기업이 참여할 정도로 많은 관심을 받고 있다. 계획된 사업이 마무리되면 일산은 주거지역 중심의 베드타운에서 일자리가 풍족한 자족도시로의 전환점을 맞이할 것으로 기대한다.

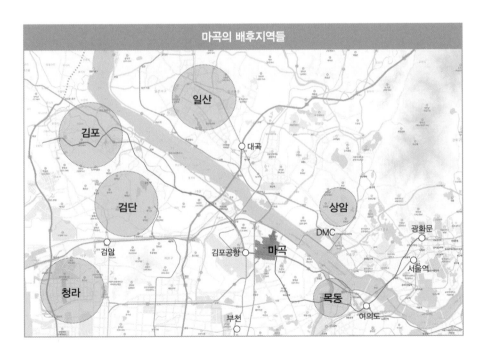

마곡의 배후지역들

■ CJ라이브시티

다음으로 살펴볼 것은 CJ라이브시티 사업이다. K-컬처밸리에서 사업명칭이 변경되었는데, 첫 번째 진행사업은 아레나 공연장 건설이다. 세계적인 건축디자인과 설계를 통해 2만 석 규모의 아레나를 건설하여 랜드마크 시설로 조성한다. 이와 함께 공연장, 호텔, 쇼핑시설과 연계하여 조성될 CJ테마파크도 진행 중이다. 현재 계획되어 있는 각종 교통 인프라가 완성되면 접근성이 매우 좋은 위치에 조성되기 때문에 사업성이 뛰어나다. 그만큼 CJ그룹에서도 적극적으로 임하고 있다.

테마파크 사이에 위치한 한류천은 오염이 심각한 상황인데 CJ그룹은 이를 복개천으로 조성하는 비용 전부를 부담하겠다는 내용을 고양시에 제안한 바 있는데, 그만큼 사업성을 확신하기 때문이라고 생각된다. CJ라이브시티 조성이 완료되면 수도권 대표 관광 허브로 자리 잡으며 연간 2,000만 명의 국내외 관광객을 유치, 10년간 13조 원의 경제적 효과와 9만 명의 고용 창출 효과를 낼 것으로 예상된다.

지금까지 일산은 고교평준화로 인한 학군수요의 불만, 불편한 강남 접근성, 노후한 주거환경 등으로 1기 신도시 중에서는 상대적으로 외면받아왔던 곳이다. 하지만 킨텍스 인근 개발 사업이 진행되고, GTX-A노선과 서해선 연장 등으로 강남·마곡 접근성이 크게 개선되며, 인근 대단지의 신축아파트 건설로 인해 관심이 높아질 것이라 생각된다. 여기에 대곡역세권 개발 사업까지 완료되면 킨텍스·대곡·상암으로 연결되는 수도권 북부의 방송·영상 클러스터가 완성되어 새로운 전환점을 맞이할 것이다.

교통망과 개발호재는 이렇게 인근 지역에 보이지 않는 영향력을 미치게 된다. 이것을 미리 상상하는 것이 투자자의 차별화된 역량일 것이다. 일산은 서남권에 속하는 곳이 아니지만, 서남권의 개발사업으로 인해 큰 전환점을 맞을 수 있다. 그중에서도 마곡지구는 인접한 수많은 지역에 영향력을 행사하기 때문에 어떻게 발전하는지 꾸준히 모니터링해야 할 것이다.

영등포-여의도

영등포와 여의도는 서남권의 대표적인 강자였다. 하지만 영등포는 노후화 문제가 심하고, 여의도는 국제금융허브로서의 입지가 상대적으로 약화되면서 마곡지구에 비해 관심도가 떨어진 것이 현실이다. 하지만 두 지역은 다시 한 번 비상을 꿈꾸고 있는데, 구체적으로 어떤 내용이 있는지 살펴보자.

영등포역 복합환승센터 개발

영등포역은 우리나라 최초의 열차인 경인선 개통(1899년) 당시의 출발역사로 지어졌다. 그 위상에 맞게 경부선과 호남선으로 이어지는 무궁화호와 새마을호 열차가 지나는 곳으로, 서울역에 이어 대한민국 철도의 상징과도 같은 곳이었다.

하지만 서울역과 용산역의 역할이 강화되면서 상대적으로 비중이 축소되었고, 강남 개발이 진행되면서 도시의 중심이 옮겨졌으며, 수도권 규제로 인해 공장이 대규모로 이전하면서 점차 쇠퇴의 길을 걸었다. 여기에 노후화, 밀집한 영세공장 들, 대규모 쪽방촌과 집창촌 등으로 인해 기피장소처럼 여겨지기도 했다.

이러한 영등포역이 복합환승센터로 입지를 굳건히 하고, 인근 지역 개선사업 을 통해 원도심 개발의 중심적 역할을 하게 될 것으로 보인다. 영등포역은 현재도 1호선은 물론 새마을호·무궁화호 그리고 KTX까지 환승이 가능하며, 착공식을 진행한 신안산선이 지날 계획이다. 게다가 지금도 수많은 광역버스가 모여드는

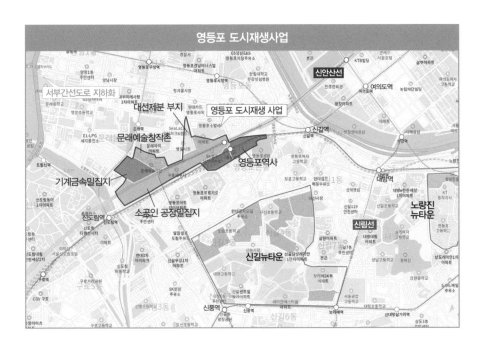

교통의 요지이자, 롯데백화점과 타임스퀘어가 굳건히 버티고 있는 중심 상업지역이기도 하다. 여기에 도시재생사업까지 완료되면 인근 지역의 새로운 변신이 기대된다.

■ 문래동 및 대선제분 부지 개발을 통한 문화예술 산업

2019년 9월 서울특별시 도시재생실에서는 영등포 및 경인로 일대 도시재생활성화 계획(안)을 발표했는데, 영등포역 인근을 기준으로 주변 지역을 재생하는 내용이 포함되었다.

첫 번째로는 쇠퇴한 공장밀집지역을 정비하고 문화예술사업을 지원할 계획이다. 영등포역과 가깝게 위치한 인근 문래동은 소규모 기계금속공장들이 밀집한 지역으로, 저렴한 임대료 덕분에 예술인들이 모여들며 창작촌을 형성해 유명해졌지만, 원래는 기계금속 분야에서 잔뼈가 굵은 장인들이 모여있는 곳이다. 이런 공장들을 한 곳에 모아 스마트팩토리로 변신시키고, 공실로 방치된 곳은 예술인들을 입점시켜 관광 인프라 사업의 숨결을 불어넣을 예정이다.

스마트팩토리 거점 조성을 위한 첫 번째 계획은 앵커시설 조성 사업을 꼽을 수 있다. 문래동은 영등포구에 속하지만 현재 이곳에는 구로세무서가 위치해 있는데, 이 구로세무서를 구로구 관내로 이전한 후 남은 부지에 앵커시설을 입점시킨다는 계획이다. 시제품 생산을 위한 공간을 제공하고, 고가의 장비를 공유하여 소규모 사업장의 R&D 사업을 도울 예정이다. 또한 소호사무실을 운영하여 오피스 공간을 제공하고, 문례예술광장과 연계한 디자인 캠퍼스를 운영할 예정이다. 이렇게 기업들에게 지원시설을 제공하는 스마트팩토리 사업이 정착되면 낙후된 문래동의 공장지역은 새롭게 탈바꿈할 것으로 기대한다.

문화예술을 위한 대표적인 사업은 대선제분 부지의 문화공장 재생사업이다. 영등포역을 나와 문래동 방향으로 가다 보면 타임스퀘어와 길 하나를 사이에 둔 곳에 서울에서 보기 드문 수십 미터 높이의 거대 원통형 건축물이 눈에 띈다. 여기가 대선제분 공장부지이다. 대선제분은 1936년 문을 연 밀가루공장으로, 근현대화 과정 속에서도 80여 년간 온전히 제 모습을 유지하고 있다. 2013년 공장이 아산으로 이전하면서 부지가 비게 되었는데 이곳을 문화공장으로 개발하려는 사업이 진행되고 있다.

비슷한 사례는 상암동 월드컵경기장 맞은 편에 위치한 문화비축기지에서 찾을 수 있다. 예전에는 석유비축기지로 활용되었다가 폐쇄된 이곳이 각종 전시 및 공연이 가능한 문화비축기지로 변신하게 되었는데, 전체를 철거한 후 신축한 것이 아니라 기존 건축물을 그대로 남겨놓은 채 시설을 보완하여 개조되었다. 건축물에 남은 세월의 이야기 덕분에 사람들에게 더욱 매력적으로 느껴지는 문화시설로 자리 잡은 것이다.

비슷한 사례는 외국에서도 찾아볼 수 있다. 쇠퇴한 중공업 도시 빌바오를 세계적 관광도시로 재탄생시킨 스페인 아반도이바라 지구의 구겐하임 미술관, 폐쇄된 화력발전소에서 세계 최대 규모의 현대미술관으로 변신한 런던의 테이트모던이 대표적이다. 지역의 애물단지였던 낡은 공간이 재창조를 통해 문화 인프라로 거듭나고 지역 경제에 활력을 불어넣는다는 아이디어를 영등포 대선제분 공장 개발 사업에도 적용한다는 것이다.

대선제분 공장 개발의 기본 방향은 80년 넘게 제 모습을 유지하고 있는 기존

공장건물을 최대한 활용하고, 공간이 가진 세월의 추억을 다양한 방식으로 접목해서 문화관광 거점 공간을 만드는 것이다. 전시와 공연, 식당과 카페, 상점, 공유 오피스 등이 어우러진 복합문화공간으로 조성하여 영등포의 도심기능을 되살린

해외 도시재생 사례

구겐하임 미술관

스페인 빌바오
1990년대 후반~2000년대 초반

미술관 등 문화콘텐츠 도입을 통해 중공업 쇠퇴로 침체된 도시를 재활성화
• 바스크지방정부의 도시활성화 정책의 일환으로 약 1억 달러를 들여 미술관 유치
• 정부는 재원 마련, 구겐하임재단은 미술관 운영을 담당할 것을 협정

테이트모던 미술관

영국 런던
1994년~2000년

방치되어 있던 화력발전소를 활용하여 세계적 관광명소로 탈바꿈
• 도시재생기구(EP), 서더크자치구 및 영국예술위원회 등 민관협력 파트너십 추진
• 정부예산 및 밀레니엄프로젝트기금, 복권기금 등으로 총 1억3,400만 파운드 투입

(사진출처 : 구겐하임 미술관 홈페이지, 브리태니커닷컴)

(출처 : 저자 직접 촬영)

다는 계획이다. 여기에 문래예술촌 예술가들의 활동을 지원하는 프로그램을 운영하여 영등포의 문화거점을 육성하는 것이 목표다.

또한 문래동 인근의 비어있는 부지에는 제2세종문화회관을 건립한다는 계획이 발표되었다. 지하 2층~지상 5층의 2,000석 규모 대형공연장과 300석 규모의 소공연장으로 구성되며, 모든 종류의 공연이 가능한 다목적 공연장으로 조성될 예정이다. 공연예술 아카이브, 시민문화아카데미, 공연예술인 연습실 등의 부대 공간도 함께 조성하여 영등포역 인근 관광 인프라 사업을 확장하는 데에 큰 도움을 줄 것으로 생각된다.

■ 서부간선도로 변 준공업지역 재생

영등포역과 서부간선도로 사이에는 준공업지역이 대규모로 분포되어 있다. 이곳은 70~80년대까지만 해도 서울 외곽지역으로 분류되었기 때문에 공장들이 자리 잡는 데에 아무런 문제가 없었지만, 도심이 점차 확장되면서 어느새 중심지에 속하게 되었다. 중심지에 이러한 대규모 준공업지역이 있다면 개발행위가 상당히 어려운 것이 현실이다.

이런 문제를 해결할 수 있는 호재가 바로 앞에서도 살펴보았던 서부간선도로 지하화 사업이다. 서부간선도로가 2021년 지하화되면 방음벽으로 단절되었던 지상의 구간은 일반도로로 바뀌고, 안양천과의 접근성은 높아진다. 또한 공장지대 개발을 통해 대규모 지식산업센터와 도시재생이 이뤄지면 성수동과 비슷한 형태로 개발되면서 각광받을 수 있을 것으로 보인다. 대규모의 일자리와 관광 인프라 사업이라는 두 마리의 토끼를 잡으며 지역경제 활성화에도 큰 도움이 될 것으로

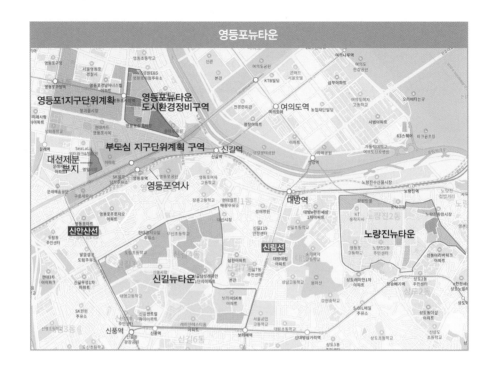

기대된다.

　기존의 대규모 상업시설인 타임스퀘어와 롯데백화점은 여전히 성업 중이기 때문에 공사 중인 신안산선과 계획 중인 S-BRT 노선이 완성되면 영등포역 복합환승센터와의 시너지는 상당할 것이다. 그렇게 되면 영등포는 복합환승센터를 통한 원도심 개발의 성공모델로 재탄생할 것으로 기대된다.

　이런 호재에 힘입어 영등포뉴타운이 재조명받고 있다. 이곳의 낡은 주거지역이 신축 아파트단지로 변신하게 되면 복합환승센터와 연결되어 주거시설로서 중요한 역할을 담당할 것으로 생각된다.

여의도 관광 인프라 조성 사업

여의도는 한강에 만들어진 섬이지만 실제로 그렇게 생각하는 사람은 없을 것이다. 여의도는 남쪽으로는 영등포와 도로로 촘촘히 연결되어 있고 북쪽으로는 서강대교, 마포대교, 원효대교를 이용하여 마포, 용산, 서대문구와 쉽게 왕래가 가능하기 때문이다.

게다가 여의도는 그 자체적으로도 일자리가 상당히 많다. 수많은 민간 금융기관의 본사와 수출입은행 등의 공공기관들이 대거 입점해 있으며 KBS 본관과 국회의사당이 자리잡고 있어 유동인구가 상당히 많다. 서울의 대표적인 일자리 밀집지역이자 국내 최고의 금융허브 역할을 담당해 왔으며, 주요 방송사들이 자리잡고 있어 한국 언론의 메카처럼 여겨지기도 했다.

하지만 최근 몇 년간 상당수의 언론사들이 상암DMC로 이전하면서 여의도의 위상에 대한 우려의 목소리가 높았다. 마치 정부청사가 세종으로 이전할 때 과천에 대해 나왔던 우려의 목소리와 비슷하다. 그러나 몇 년이 지난 후 과천은 과천지식정보타운, 주암뉴스테이, 3기 신도시 지정 등과 함께 수많은 교통 인프라들이 연결되면서 또 다른 가능성을 보여주고 있다. 그와 비슷하게 여의도에서도 엄청난 변화의 바람이 불고 있는데, 구체적으로 어떤 사업이 진행되고 있는지 알아보도록 하자.

■ 여의나루 개발사업

여의도는 기본적으로 풍부한 일자리 지역인데, 여기에 몇 가지 분야가 더 추가

될 예정이다. 대표적인 것이 관광 인프라 사업으로, 그중 첫 번째가 여의나루 개발 사업이다. 2017년 서울시는 한강협력계획 4대 핵심사업인 '여의문화나루 기본계획(안)'을 발표했다. 여의도를 한강의 수상교통 및 관광문화의 수변거점으로 만들겠다는 계획이다.

해외 어디를 가든지 한강처럼 폭이 넓고 탁 트인 강이 도심의 한 가운데를 흐르는 곳은 드문 것이 사실이다. 파리의 세느강, 런던의 템즈강 같이 도시를 관통하는 강이 있는 도시들은 이러한 자연 인프라를 가지고 공원뿐만 아니라 즐기고 소비할 수 있는 관광 인프라로 활용하고 있다. 하지만 서울의 한강은 대부분 공원이나 체육시설로만 이용되고 있어 크게 즐길 요소를 찾아보기 힘들다.

게다가 이제 제조업만으로는 일자리를 늘릴 수 없는 것이 현실이다 보니 이탈리아의 로마, 오스트리아의 빈 등 주요 도시들은 일찌감치 관광산업으로 눈을 돌린 상태다. 관광산업은 제조업과 다르게 한 번 활성화되면 수요가 폭발하며, 자동화도 불가능하기 때문에 일자리 창출 효과가 크기 때문이다.

서울시도 여기에 착안하여 관광 인프라 사업 활성화 계획을 선보이고 있는데 그중 대표적인 것이 바로 여의나루 개발 사업이다. 여의도 한강공원 일대를 수상교통, 레저스포츠,, 관광이 어우러진 수변 거점공간으로 전환하겠다는 것이다. 이를 위해 여의나루에는 유람선부터 관공선, 수상택시, 개인요트까지 공공·민간 선박의 입출항을 종합관리하는 서울시 최초의 통합선착장이 들어설 계획이다. 여의나루 선착장에서 한강을 출발하면 이미 조성되어 있는 아라뱃길을 통하여 서해로 빠져나갈 수 있다. 이를 위해 양화대교는 배가 통과할 수 있도록 구조개선공사를 진행했다.

또한 선착장 전망대는 단순히 배를 관리하는 역할뿐만 아니라 한강의 아름다운 경관을 감상할 수 있도록 조성하고, 한강변과 윤중로 인근을 분위기 있는 상가 거리로 변신시킨다. 특히 개인요트의 경우는 대부분 고소득 연봉자들이 운용하기 때문에 선착장은 대부분 즐기고, 소비하고, 숙박할 수 있는 시설이 갖춰진 곳에 조성된다. 현재 서울시가 계획 중인 곳은 여의도와 잠실종합운동장 인근의 두 곳 인데, 둘 다 이러한 관광 인프라 활성지역이라는 공통점이 있다.

관광 인프라 활성화지역은 내·외국인 관광객들의 접근성이 좋아야 하기 때문에 교통 인프라 구축이 필수적이다. 여의도는 기존 5호선과 9호선에 더해서 신안산선, GTX-B 노선, 신림선, 서부선 등이 예정되어 있고, 중앙버스전용차로가 운행되고 있으며 수많은 광역버스와 S-BRT가 만나는 곳이라 교통 환경이 상당히

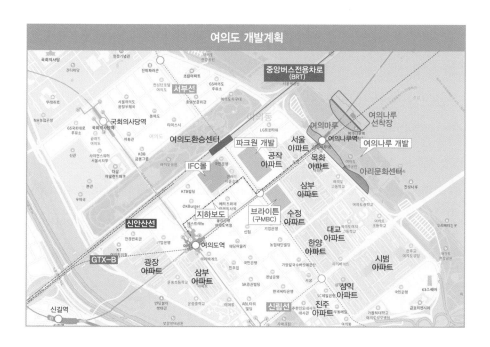

편리하다.

여의나루에는 또한 여의정이라는 한강변 문화집객시설도 만들어진다. 쇼핑과 체험 프로그램은 물론 먹고 마시는 상업시설이 들어서며, 여의나루와는 도보 가능한 데크로 연결된다.

윤중로를 따라 조성되는 상가거리인 여의마루에서는 한강의 경치를 감상할 수 있다. 식당, 카페, 관광 및 문화 시설, 판매시설 등이 들어서며 여의도와 한강을 연결하는 거리가 될 예정이다. 여의도 윤중로는 지금도 4월만 되면 벚꽃구경을 위해 많은 이들이 몰려드는 명소이지만, 체험 프로그램과 공연을 즐기고 난 뒤 식사나 주전부리를 해결할 때는 인근의 임시상가나 노점상을 이용할 수밖에 없다. 이런 곳에 한강변을 따라 경치를 즐기면서 소비할 수 있는 공간이 조성되면 내ㆍ외국 관광객들의 사랑을 받게 될 것으로 생각된다.

특히 연결통로를 조성하여 여의정에서 여의나루까지 도보로 편하게 이동할 수 있도록 할 예정이다. 아무리 경치가 좋은 곳도 접근성이 떨어지면 외면받을 수밖에 없다. 여의나루 선착장에서 여의정, 여의마루까지 도보로 쉽게 이동하고, 5호선 여의나루역이나 버스를 이용하면 환승이 가능하기 때문에 대중교통 이용도 편리할 것으로 생각된다.

마지막으로 한강변에 지어질 아리문화센터는 콘텐츠 중심의 복합문화시설이다. 한강을 바라보면서 전시품을 감상할 수 있는 갤러리를 만들고, 과천과학관과 같은 어린이 과학체험관을 조성하여 남녀노소 구분 없이 여의도를 찾아 즐길 수 있도록 다목적공간으로 조성될 예정이다. 이처럼 여의도는 한강이라는 뛰어난 자연 인프라를 이용하여 관광산업을 확장한다는 목표로 변신을 꾀하고 있다.

■ 파크원과 IFC몰 연결 사업

관광산업 활성화를 위한 노력에 힘을 보태주는 시설이 바로 여의도역 인근에 건설 중인 파크원이다. 이른바 노른자땅에 지어지는 총 4개동의 건물로, 2개 동은 각각 69층과 53층짜리 오피스건물이 지어진다. 30층짜리 호텔 건물에는 전 세계 4,000여 개 호텔을 운영하고 있는 프랑스계 호텔체인 페어몬트호텔이 입점을 확정했다. 그리고 8층 규모로 건설되는 쇼핑몰에는 현대백화점이 입점 예정인데, 규모 면에서는 롯데백화점이나 신세계백화점 본점보다 크다.

파크원은 이미 오래 전에 착공했지만, 소유자인 종교재단의 내부사정으로 인해 사업이 무기한 지연되고 있었다. 그러나 갈등이 해소되고 시공사가 포스코건설로 바뀌면서 민간금융기관의 투자가 진행되었고, 덕분에 사업은 다시 급물살을 타고 있다.

파크원과 함께 주목해야 할 것이 바로 옆에 위치한 쇼핑몰 IFC몰이다. 현재 여의도역에서 IFC몰까지는 지하보도가 연결되어 있는데 이를 파크원까지 연장하는 사업이 진행되고 있다. 지하보도는 단순한 보행로를 넘어 지하광장과 지하상가 등으로 구성될 예정인데, 완성되면 IFC몰과 파크원이 하나의 활동권역으로 묶이게 되고, 나아가 옛 MBC 부지에 지어질 주상복합건물인 브라이트, 그리고 여의나루까지 연결되면 이곳의 상권은 크게 확장된다.

여의도는 운행 중인 5호선과 9호선, 수많은 버스로 환승이 가능한 여의도 버스환승센터, 그리고 공사중인 신안산선 등 뛰어난 교통 인프라를 바탕으로 국내·외 관광객들을 끌어들일 수 있는 명소로서의 입지를 다지고자 한다. 관련 계획들이 모두 완성되면 여의도는 한강변 관광 인프라 사업의 핵심거점이 될 것으로 생각된다.

■ 노들섬 특화사업과 도보 관광의 강화

좀 더 시야를 확장해 보면, 서울시는 도심권 및 서울역과 여의도를 한 번에 연결하는 계획을 수립하고 있다. 뒷부분에서 자세히 다룰 예정이지만, 서울시는 서울역 고가도로를 개조해 만든 '서울로7017'을 기점으로 4대문 안쪽 골목길 재생사업을 진행하고 있다. 이는 도심권 관광 인프라 조성을 위해 진행하는 사업인데, 이 사업이 서울역에서 용산역을 지나 여의도 및 노량진까지 확장하려는 움직임을 보이고 있다.

먼저, 용산 미군부대가 이전하면서 진행될 대규모 공원 조성사업이 있고, 최근에는 한강대교 중간에 위치한 노들섬이 공연장 및 체험학습 등 다양한 프로그램을 진행하는 특화공간으로 조성되어 개장했다.

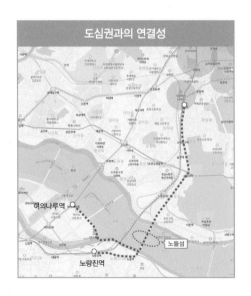

서울시는 노들섬까지의 도보 접근성을 강화하기 위해 한강대교 도보 데크 조성사업의 설계공모를 실시했다. 기존의 한강대교 교량을 이용해서 노들섬과 노량진을 잇는 보행자 전용교 '백년다리'를 조성함으로써 기존에 차도 옆으로 걸어가야 했던 불편함을 개선하려는 것이다.

이를 위해 차도 위에 도보테크를

조성할 계획이고, 이를 한강대교 남단과 노량진을 잇는 노량북고가차도와 연결함으로써 노들로 개선 작업과 동시에 진행할 예정이다. 또한 서울시는 노들로 구조개선 설계를 진행하고 있다. 과업내역서를 보면 노들로를 자동차전용도로에서 해제하고, 일반도로화된 노들로에 보행로와 자전거전용도로를 조성하기 위해 도로 구조와 시설 개선을 할 예정으로, 이에 필요한 방안을 위한 설계용역이라고 명시되어 있다.

　서울로7017에서 시작된 도보 관광 인프라 사업이 노량북고가차도 및 노들로 개선사업으로 이어지면 관광 인프라 사업의 종점은 여의도가 될 가능성이 높다. 이를 통해 여의도는 서울시의 새로운 관광 거점으로서 많은 이들의 관심을 받게 될 것이고, 여의도는 물론 배후지역인 노량진 · 흑석 · 신길뉴타운은 서남권의 핵심 주거지역으로 각광받게 될 가능성이 높아졌다.

한강대교 공중보행교 설치 계획

(출처 : 서울시 제공)

서남권 포커스 ③
사당-이수

　여러 차례 언급했지만, 서울시 생활권계획의 53지구중심 중 두 지역이 묶여있는 곳은 지구단위계획으로 진행될 가능성이 높기 때문에 특히 주목할 필요가 있다. 그중에서 사당-이수 지역은 서남권 교통의 중심지로서 관심을 가져야 할 곳이다.

　지하철 한 정거장 거리인 사당과 이수는 지하철 2호선, 4호선, 7호선을 이용할 수 있는 곳이며 특히 사당의 경우는 안산이나 수원 등 경기도 남부지역과 이어지는 광역버스의 핵심 거점이다. 또한 강남순환도로를 이용하여 광명KTX역까지 이어지는 셔틀버스가 정차하는 곳이기도 하다. 이렇게 교통의 중심지 역할을 하고 있지만 그 위상이 무색하게 낙후되었다는 것이 사당-이수의 현실이다.

서리풀터널 개통

이 지역이 최근 변신을 꾀하고 있는데, 그 중심에는 2019년 4월 개통한 서리풀터널(장재터널)이 있다. 이수역과 강남역은 거리 상 4㎞ 정도밖에 떨어져 있지 않고, 서초대로 상에 일직선으로 위치하고 있어 매우 가깝다. 그럼에도 이수역에서 강남역으로 가기 위해서는 먼 길을 돌아가야 해서 차량으로 30분 정도가 소요되었는데, 그 이유는 그 중간을 서리풀공원과 그 내부에 위치한 국군정보사령부 부지가 가로막고 있었기 때문이었다. 이를 관통하는 서리풀터널이 개통하면서 버스노선도 직선화되었고, 기존에 30분이 걸렸던 길이 현재는 5분으로 단축되었다.

이렇게 교통 인프라가 개선되면서 상대적으로 낙후되어 있던 내방역 일대에 지구단위계획이 수립되었다. 핵심은 용도지역이 현재 제2종 및 제3종 일반주거지역으로 되어 있는 역세권을 준주거지역으로 상향하여 용적률을 최대 400%까지 적용하는 것이다. 건물의 면적 제한도 완화할 수 있도록 변경을 추진하고 있기 때

문에 대규모 개발이 가능할 예정이다.

또한 내방역에서 이수역까지의 구간을 연결하여 도시정비를 추진한다는 내용도 포함되어 있다. 지금까지는 서리풀공원에 가로막혀 있어 개발이 더디게 진행되었지만 단절 요소가 사라졌으므로 진행속도가 빨라질 것으로 기대되는 지역이다.

개발사업은 이수를 거쳐 남성역까지 확장하려는 움직임을 보이고 있는데 남성역 지구단위계획 수립용역이 발주되어 진행 중이다. 남성역 인근은 내방역이나 이수역 인근에 비해서도 상대적으로 낙후되어 있는 곳이지만 서리풀터널 개통과 함께 도로확장공사를 마무리하였다. 남성역 지구단위계획이 실제로 진행되면 개발 완료 후 사당, 이수, 내방, 남성까지 하나의 생활권으로 자리 잡을 것으로 기대된다.

사당역 복합환승센터

내방역과 남성역 개발계획의 중심에는 사당-이수 개발 사업이 있다. 사당역과 이수역을 지하보도로 연결하고 남성역, 내방역과 연계하여 개발함으로써 서남권 교통 결절점의 역할을 수행하도록 할 예정이다.

이 계획의 방점을 찍는 것은 바로 사당역 복합환승센터 계획이다. 사당역은 2호선·4호선의 환승역이며 경기도 남부지역으로 이동하는 광역버스가 모여드는 곳이다. 현재도 수도권 남부지역과의 유동인구 1위를 기록할 정도로 엄청난 이용량을 자랑하며 특히 출퇴근 시간에는 환승을 하려는 승객들로 인해 상당히 복잡한 곳이다. 그럼에도 불구하고 경기도와 서울시의 접경지역이다 보니 개발이 쉽지 않은 것이 현실이다.

그 가운데 2018년 서울시는 접경지역 12곳을 집중 개발하겠다는 보도자료를 냈는데 그중 시범사업으로 선정된 곳이 바로 사당역이다. 구체적으로는 70년대에 문을 닫은 채석장 부지를 개발하여 일자리 인큐베이터(지식산업센터, 청년창업지원시설 등)를 만들고, 청년주택 200여 세대를 확보하며, 문화활동 기능이 집약된 청년 특구로 조성한다는 계획이다.

사당역 인근에는 개통한 강남순환고속도로의 나들목(IC)이 위치하고 있으며, 2021년 2월 서부간선도로 지하화까지 완료되면 광명KTX역세권-사당-양재 R&CD-수서KTX역세권-판교테크노밸리까지 연결됨으로써 고급 일자리 지역과 이어지는 교통의 요충지로 자리 잡게 된다. 또한 안양시 호계사거리에서 사당역을 오가는 S-BRT 노선이 대도시권 광역교통대책에 포함되면서 사당역 인근은 철도와 버스의 중심지가 될 예정이다.

이런 계획의 화룡점정이 될 사업이 바로 사당역 복합환승센터이다. 현재 사당역 공영주차장으로 사용되고 있는 서초구 방배동 507-1번지 일대 1만7,000여 ㎡를 개발하여 환승센터, 주차장, 판매·업무·주거시설 등을 도입하고 교통의 결절점 역할을 하게 만든다는 계획이다. 여기에 현

재 임시로 사용하고 있는 빗물저수장, 변전소 부지, 서울교통공사 사당별관과 연계하는 대규모 개발이 계획 중이다.

사당역 복합환승센터는 이미 10여 년 전부터 개발계획이 진행되었지만 계속 지체되어 왔다. 하지만 부지를 확보하고 있는 서울교통공사가 사업자로 낙점되면서 서울시의 핵심사업으로 자리 잡을 예정이다. 완료되면 복합환승센터의 주요 기능인 원도심 개발의 촉매제 역할을 할 것으로 보여 주변 주거시설과의 연계를 통해 서남권의 핵심시설이 될 것이라 예상한다.

또 한 가지 주목해야 하는 호재는 이수-과천 복합터널 민간투자사업이다. 이수와 과천 사이의 차량흐름은 엄청난데, 본래 10분이면 차량으로 이동할 수 있는 거리가 교통정체 때문에 1시간 이상 소요될 정도로 교통체증이 상당히 심각한 곳

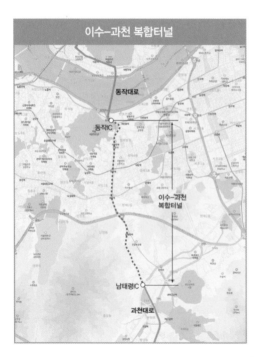

이다. 게다가 앞으로 과천, 수원, 안산에서 진입하는 차들이 늘어날 것이고 강남순환고속도로 사당나들목(IC)을 이용해 양재, 수서, 광명으로 접근하려는 차량도 계속 늘고 있다.

이에 따라 한계점에 다다른 도로용량을 증가시키는 것이 중요한 과제인데, 이런 고민을 해결해 줄 사업이 바로 이수-과천 복합터널이다. 상습 정체구간인 동작나들

목(IC)에서 남태령나들목(IC) 사이의 구간을 지하터널로 연결하여 증가하는 교통량을 수용할 예정이며 3기 신도시로 지정된 과천과 주암뉴스테이지구, 과천지식정보타운으로의 접근성도 크게 개선할 예정이다.

특히 3기 신도시에 과천이 선정되면서 함께 언급되는 호재가 있다. 바로 경마공원과 과천과학관 인근 부지를 롯데쇼핑몰로 조성하는 계획이다. 현 상황에서 쇼핑몰을 조성할 경우 교통대책을 함께 수립해야 하는데, 복합터널 사업에 롯데건설이 참여한 이유도 그 때문이 아닌가 생각된다. 잠실 제2롯데월드의 경우 롯데그룹은 건축비용의 몇 배가 넘는 예산을 잠실환승센터 및 도로 지하화 등 교통대책을 수립하는 데에 사용한 바 있다. 해당 사업까지 완료되면 사당은 내부순환로, 강남순환도로, 이수-과천복합터널이 만나는 서남권 도로교통의 요충지가 될 것으로 생각된다.

남부광역급행철도

마지막으로 살펴볼 것은 전작에서도 다룬 바 있는 남부광역급행철도이다. 서울 지하철 중에서도 2호선의 혼잡도는 상당히 심각하다. 출퇴근시간에는 강남, 교대, 선릉 등 주요 환승역에서 열차 한두 대쯤 보내는 것은 흔한 일상이 될 정도로 이용객이 많다. 2호선뿐만 아니라 신도림에서 인천으로 이어지는 경인선(1호선) 역시 혼잡도가 상당한데, 최고 혼잡구간은 역곡-구로 구간으로 혼잡도가 184%에 이를 정도로 심각한 수준이다.

이런 문제점을 해결하기 위해 계획하고 있는 노선이 바로 남부광역급행철도이다. 7호선 당아래역(부천종합운동장역)에서 2호선 잠실역까지 계획된 급행철도 노선으로 특히 신림역에서 잠실역 구간은 현재 2호선 하부에 건설될 계획이다.

또한 당아래역에 만들어질 GTX-B 노선과 연계하면 송도-잠실 구간도 직결 운행이 가능하다. 이런 이유로 원래 청량리-마석으로 계획되었던 GTX-B 노선이 송도-잠실구간으로 노선 변경을 시도했다가 관련 기관의 조율 문제로 무산된 경험이 있다. 현재 해당 노선이 남부광역급행철도라는 이름으로 추진되고 있는 것이다. 참고로, GTX-B 노선과 남부광역급행철도는 당아래역에서 교차 운행한다

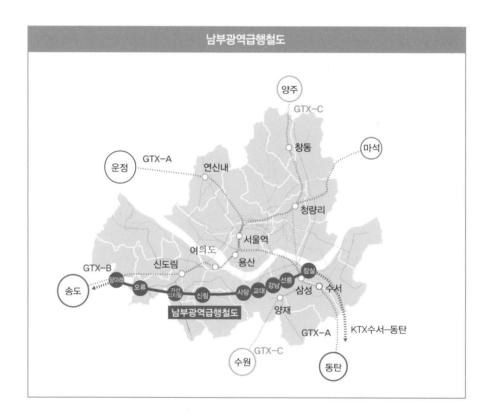

는 계획이 있다. 5호선 상일동행과 마천행을 떠올리면 쉬울 것이다.

이렇게 GTX-B 노선과 연계되면 송도국제도시, 삼성역, 잠실역을 연결하는 광역급행철도망이 구축되는데, 완성되면 이 구간의 이동시간은 현행 112분에서 39분으로 줄어들어 획기적인 개선이 일어날 것으로 예상된다.

당아래에서 출발하는 남부광역급행철도는 여러 환승역을 거치게 된다. 오류역(경인선), 가산디지털단지역(1호선·7호선), 신림역(2호선·신림선), 사당역(2호선·4호선), 교대역(2호선·3호선), 강남역(2호선·신분당선), 선릉역(2호선·분당선), 삼성역(2호선·9호선·GTX-A노선·GTX-C노선·위례-신사선), 잠실역(2호선·8호선) 등이다. 남부광역급행철도는 실질적으로 2호선의 급행열차 기능을 담당하기 때문에 혼잡도를 크게 개선할 수 있는 노선이다. 6량짜리 기차로 운행되며 배차간격은 3~7분, 요금은 2호선을 기준으로 300원을 추가징수하는 것으로 계획되어 있다.

서울시에서 진행한 사전타당성조사 결과 B/C 1.10으로 사업성이 충분하여 개통되면 상당한 영향력을 보여줄 노선으로 예상된다. 남부광역급행철도까지 개통되면 사당-이수 복합환승센터 사업은 더욱 활발하게 진행되며 서남권의 핵심시설로 자리 잡게 될 것이다.

이와 함께 살펴봐야 하는 곳은 과천이다. 정부청사가 세종시로 이전하면서 과천은 한때 위기를 맞이했다는 목소리가 높았다. 주요 일자리였던 정부 부처와 공공기관이 이전하고, 주거지역에는 낡은 주공아파트가 대부분이었기 때문에 한동안 소외를 받았던 곳이다. 하지만 3기 신도시로 지정되고 편리한 인프라까지 함께 공급되면서 다시 많은 이들의 관심을 받고 있다. GTX-C노선을 조속 추진하며, 과천-우면산간도로 지하화, 과천대로-헌릉로 연결도로 신설, 과천-송파민자도로 확장, 선바위역 복합환승센터, 이수-과천 복합터널 등 다양한 사업이 진행되고 있다.

어떤 호재를 살펴볼 때 한 지역만을 위한 인프라 건설일 경우에는 긴 호흡이 필요하다. 예산은 한정되어 있기 때문에 큰 정책 방향과 일치하면서 여러 지역의 편의성이 개선될 만한 사업부터 진행되는 것은 어찌 보면 당연한 일이다. 현재 과천으로 모여드는 인프라 건설 역시 여러 지역을 함께 살펴봐야 한다.

예를 들어 서부간선도로 지하화 사업과 강남순환도로 구간이 완성되면 양질

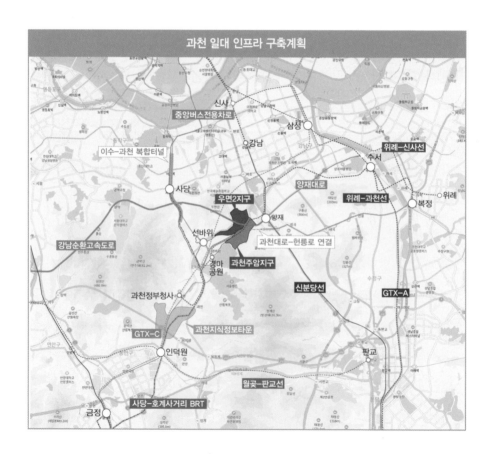

의 일자리 창출 지역인 상암–마곡–광명–양재–수서까지 연결되는 도로 인프라가 만들어진다고 언급했었다. 이렇게 일자리가 많은 지역에는 당연히 교통량이 증가할 수밖에 없으며 서울뿐만 아니라 경기도에서도 출퇴근하는 직장인들이 증가할 수밖에 없다. 이런 이유로 도로를 확충하고 철도뿐만 아니라 버스 인프라 개선도 함께 진행되어야 하는데 이를 위한 서남권 관문도시 역할을 과천에서 담당할 것으로 예상된다.

이를 위한 첫 번째 사업은 과천대로–헌릉로 연결 계획이다. 앞에서도 언급한 양질의 일자리 이외에 과천시는 그 자체로 주암뉴스테이, 3기신도시, 과천지식정보타운, 인덕원역세권 개발, 평촌스마트스퀘어 등 일자리에 둘러싸이는 입지가 된다. 문제는 이 때문에 현재의 강남순환고속도로 하나만으로는 도로용량에 과부하가 걸릴 수밖에 없다는 점이다.

그래서 기존에 운영해온 과천대로와 헌릉로를 연결하여 강남순환고속도로의 부담을 덜어주도록 할 계획이다. 특히 이 사업은 우면산로와 헌릉로 사이의 끊어진 구간만 연결하면 되기 때문에 저비용 고효율의 사업성을 확보할 것으로 생각되며 안양, 수원, 안산 지역 주민들이 사당, 양재, 강남, 수서로 접근할 때의 편의성을 개선시켜줄 것으로 기대한다.

또한 2019년 헌릉로 확장공사 용역이 발주되었는데, 주요 내용에 중앙버스전용차로의 공간을 확보하기 위해 6차선으로 운행되는 구간을 10차선으로 확장한다는 내용이 언급되어 있다. 진행 중인 동부간선도로 지하화 및 대모산터널이 완공되면 헌릉로–용인서울고속도로 구간으로 연결되면서 교통량은 크게 증가하게 된다. 그래서 헌릉로 확장 계획을 진행하는 것인데, 이렇게 되면 헌릉로는 과천대로와 연결되어 복정-강남뿐만 아니라 복정-과천 구간 광역버스도 운행이 가능하게 된다. 연결되는 도로를 따라 광역버스 이용 또한 편리해질 것으로 생각된다. 이렇게 강남순환고속도로의 과부하를 방지하면서 접근성까지 향상시키기 위해 과천-우면산간도로의 지하화사업도 진행한다.

중요한 지역끼리 연결할 때는 도로와 철도가 함께 만들어진다고 언급했었는데 강남순환고속도로와 비슷한 경로로 계획되어 있는 철도 노선은 위례-과천선이다. 복정, 수서, 양재, 과천을 연결하며 양질의 일자리 지역을 거치는 노선이다. 현재 GTX-C노선이 정차하는 과천정부청사역까지 연장을 추진하고 있다.

이렇게 도로 인프라가 확충되면서 갑자기 복합환승센터 계획이 발표된 곳이 바로 선바위역이다. 현재도 광역버스 및 M버스의 환승센터로 운영되고 있는 곳인데 2019년 10월에 발표된 대도시권 광역교통 대책에서 포함되었다.

특히 함께 발표된 노선 중에는 호계사거리-사당 BRT가 있다. S-BRT로 진행되며 버스 두 대가 연결된 굴절버스가 운행될 노선이다. 이런 버스가 복잡한 사당역에서 회차를 하게 되면 어떻게 될까? 이런 이유로 현재 남태령고개까지만 운행되고 있는 중앙버스전용차로를 선바위역이 있는 관문사거리까지 연장하려는 것이다. 선바위역 복합환승센터의 경우 지하철 4호선과 함께 수많은 광역버스 노선이 만나는 접점이기 때문에 개발가치는 충분할 것으로 생각된다.

과천은 지금도 뛰어난 강남 접근성과 자연환경으로 각광받는 곳이지만, 교통 인프라가 구축되고 양질의 일자리에 둘러싸이게 되면 이들 지역의 수요를 받음으로써 서남권의 가장 중요한 배후도시로서의 가치가 추가되어야 하지 않을까 생각한다.

서남권 포커스 ④
온수

　온수는 1호선과 7호선의 더블역세권이며 버스를 이용하여 서울 중심부로 접근하기도 양호한 지역이다. 하지만 온수역 바로 인근에 위치한 럭비구장과 동부제강 물류창고 부지에 가로막혀 개발이 늦어지다 보니 더블역세권의 효과를 전혀 느낄 수 없는 곳이었다. 하지만 이 지역 단절의 원인을 제공하던 두 부지의 개발계획이 발표되면서 역세권 개발의 기대감을 보여주는 곳이다.

　온수는 서남권 관문도시 12곳에 포함된 곳이다. BRT와 중앙버스전용차로가 만나는 접점이면서 1호선과 7호선 환승까지 가능하기 때문이다. 한 가지 아쉬운 점은 함께 개발계획을 수립하여 집중적으로 진행되어온 온수산업단지 재생사업이 무산되었다는 점이다. 그래서 1호선 노선의 북쪽 지역은 개발속도가 상대적으

온수역 인근

로 늦어질 가능성이 있어 보인다.

온수역은 당아래역(부천종합운동장역)과 가까운 곳에 있다. 당아래역은 GTX-B

노선, 서해선(대곡-소사-원시선), 7호선, 남부광역급행철도가 만나게 될 곳으로 이

를 통해 서울 중심부 접근성이 한층 더 개선되면서 더욱 관심을 받을 것으로 생각

된다.

서남권 포커스 ⑤
독산-금천구청-석수

강서구와 더불어 준공업지역이 넓게 분포된 지역이 독산-금천구청-석수로 이어지는 금천구 라인이다. 현재 이 지역은 지상철인 1호선과 서부간선도로 때문에 지역이 단절되어 있고, 상대적으로 낙후된 곳이다. 또한 1호선 철로와 나란히 놓인 경수대로를 따라 소규모 제조업 공장들이 밀집해 있어 개발사업 순위에서 밀려 있었다. 하지만 서부간선도로 지하화 사업이 진행되고 신안산선이 착공하면서 이곳 인근에도 개발 바람이 불어오고 있다.

중요하게 살펴봐야 할 곳은 시흥대로와 경수대로가 연결되어 있는 라인인데, 도로를 경계로 주거지역과 준공업지역이 양분이 되어 있다. 이 라인에 집중할 필요가 있는데, 그 이유는 이곳이 대부분 준공업지역으로 용적률이 높을 뿐 아니라 서남권 개발방향과 일치하므로 사업 진행에 속도가 붙을 것이기 때문이다. 또한 2019년 착공한 신안산선이 인근에 개통 예정이기 때문에 역세권 개발 사업과의 시너지를 기대할 수 있다.

독산역세권 개발

그중에서도 G밸리(가산디지털단지)에 주목해보자. 총 3개 단지 중 1단지와 2단지는 이미 지식산업센터로 변신했지만 3단지 중 서부간선도로가 접해있는 곳은 아직 남아 있다. 이곳은 앞에서 언급했던 서부간선도로 때문에 단절된 구간으로, 2021년 서부간선도로 지하화 구간이 개통되면 안양천과 연결되어 단절 문제가

해결된다(자세한 내용은 앞에서 다뤘던 서부간선도로 내용 참조). 이런 이유로 G밸리 개발은 빠르게 추진되고 있는데, 그 영향력이 바로 남쪽의 독산역까지 이어질 예정이다.

독산역세권 개발은 이미 이전을 완료한 군부대 부지 개발과 함께 이뤄지며, 금천구청역 앞 부영건설 부지에 설립될 종합병원과도 연계될 예정이다. 현재 광명KTX역 인근에 조성 중인 중앙

대병원은 호텔과 연계하여 의료복합 패키지 관광사업으로의 진행을 계획 중이다. 국내·외 관광객들이 광명역을 방문하여 의료서비스를 받고, 인근 상가에서 쇼핑을 하고, KTX를 이용해서 전국 어디든지 이동이 가능한 의료관광 패키지 사업으로 진행되기 때문에 이 지역의 일자리는 매우 많이 늘어날 것으로 보인다.

광명에서 얼마 떨어지지 않은 금천구청역 인근에 종합병원이 세워지고 의료관광 패키지에 함께 연계되면 시너지는 더욱 커질 것이다. 이런 이유로 금천구청역에 복합개발을 추진하여 원도심 활성화에 도움을 주려고 계획 중이다.

또한 신안산선이 개통하게 될 시흥사거리역도 연계 개발하기 딱 좋은 위치이다. 1호선 금천구청역과 신안산선 시흥사거리역 사이는 거리상 멀지 않기 때문에 인근 지역에서 두 노선을 모두 이용할 수 있으며, S-BRT의 수원-구로 노선이 시흥대로 및 경수대로를 따라 운행할 예정이라 버스 인프라도 확충된다.

석수역은 현재 운행 중인 1호선 외에 신안산선 개통 시 더블역세권이 되고, 중앙버스전용차로와 S-BRT 구로-수원 노선이 만나는 곳으로서 접경도시 12곳에 포함되어 있다.

구로차량기지 이전

서부간선도로를 따라 북쪽으로 향하는 곳에는 구로차량기지 이전 관련 호재가 있다. 현재 구로역 인근에 위치하고 있는 구로차량기지가 광명시 노온사동으로 이전을 계획하고 있는데, 이전 대가로 코레일은 해당 노선에 세 곳의 승강장을

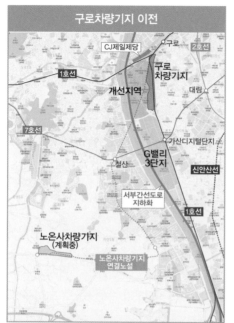

만들어주겠다는 조건을 제시했다. 철산역, 하안우체국사거리역, 그리고 차량기지가 있는 노온사동역이 그것이다.

하지만 광명시는 차량기지를 이전하는 것에는 동의하지만 지하화로 건설되지 않으면 반대한다는 입장을 내놓았다. 이곳은 광명시가 집중해서 추진 중인 광명·시흥테크노밸리와 연결되는 곳인데 차량기지가 지상에

만들어져 있을 경우 더 이상 확장이 어려워지기 때문이다. 그래서 차량기지 이전에는 긴 호흡이 필요할 것으로 예상된다.

참고로, 차량기지 이전 노선과 연결될 노선이 있는데 바로 제2경인선이다. 수인선 선로를 공유하고 청학역(예정)에서 노선을 신설하여 노온사동으로 향하는 이전 노선과 연결하고, 이후 노량진역까지 1호선 선로를 공유하여 만들어지는 것으로 계획된 노선이다. 그러나 이를 위해서는 구로차량기지 이전이 완료되는 것이 선결조건이기 때문에 이 역시 긴 호흡을 가지고 지켜봐야 할 것으로 생각된다.

반면 차량기지와 서부간선도로 사이에 끼어있는 지역은 서부간선도로 지하화로 인해 주거환경이 크게 개선될 것으로 생각된다. 지하화 도로가 개통되는 2021년 2월이면 방음벽이 철거되고, 신호등과 횡단보도가 설치되며, 안양천과 연결되어 환경 인프라가 갖춰진다. 또한 구로차량기지 북쪽에 위치한 CJ제일제당 공장부지의 이전 및 개발계획이 수립되어 있는데, 현실화된다면 지역발전에 도움이 될 것으로 예상된다.

서북권 살펴보기

서북권은 동남권·동북권·서남권에 비해서는 규모가 작은 편이고, 그만큼 계획된 호재의 종류도 많지 않다. 하지만 계획된 사업들이 완성된다면 엄청난 영향력을 발휘할 곳이기도 하다. 주목해서 살펴볼 곳은 상암DMC, 수색역세권 개발 사업, 응암역-새절역 인근 개발 사업, 그리고 불광-연신내-홍제-녹번으로 이어지는 통일로 라인이다. 그에 앞서 사전에 알아둬야 할 호재들부터 하나씩 살펴보도록 하자.

GTX-A노선

GTX-A노선은 GTX의 3개 노선 중 진행속도가 가장 빠르다. 2018년 12월 착공식을 올리고 현재는 행정절차가 마무리 된 공구부터 공사를 진행 중이다. 당초 화성시 동탄역에서 일산 킨텍스역까지 운행될 계획이었으나, 킨텍스역에서 운정역까지 연장되어 진행되고 있다. 서북권에서는 연신내역에 정차할 계획이며, 인근

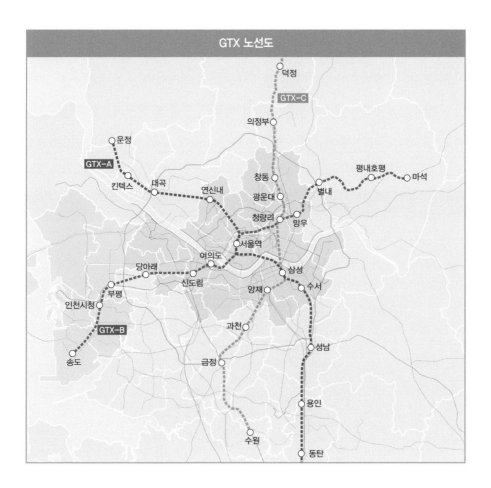

지역 개발에 큰 영향력을 미칠 노선이다. GTX에 대한 내용은 전작에서 자세히 언급했으므로 여기에서는 생략하도록 하겠다.

신분당선 서북부연장(삼송연장)

GTX-A노선과 더불어 서북권 지역 주민들의 큰 관심을 받고 있는 사업이 신분당선의 서북부연장이다. 현재 신분당선은 공사중인 강남역-신사역 구간을 넘어 서울역까지 계획되어 있는데, 이를 삼송역까지 연장한다는 것이다. 연장 사업이 진행되면 대표적인 일자리 집중 지역인 서울역, 용산역, 신사역, 강남역은 물론 판교, 광교와도 한 번에 연결되기 때문에 관심이 크다. 또한 남쪽으로는 2020년 1

월 호매실연장 사업이 예비타당성조사를 통과하면서 서북부연장도 함께 진행되길 간절히 바라는 주민이 많다.

서북부연장 사업은 부족한 사업성을 보완하기 위해 독바위역에서 신사역까지의 구간을 GTX-A노선의 선로와 공유하는 방식으로 돌파구를 마련하고자 한다. 삼송연장이 실현되면 서북권 중에서도 소외되어 있던 독바위역-은평뉴타운 구간에 많은 관심이 쏟아질 것으로 예상된다.

다만 사업에는 아직 변수가 존재한다. 2019년 1월 경기도는 신분당선 서북부연장의 역사 위치 변경을 요청하는 내용의 보도자료를 배포했다. 연장되는 노선 중 진관역(예정)의 역사를 고양시 지축지구 인근으로 변경해 달라고 요청한 것이다. 이는 지축지구에 입주하는 주민들의 이동 편의성 확보를 위한 것이다.

내용을 자세히 살펴보면 이렇다. 신분당선은 총연장 구간 18.47㎞ 중 경기도 구간 3.3㎞가 포함돼 있어 광역철도로 분류되어 구간별로 해당 지자체가 예산을 부담해야 한다. 경기도가 옮겨달라고 요청한 진관역의 위치는 현재 은평뉴타운에 위치해 있는데, 함께 예산을 부담하는 경기도 측에서는 당연히 문제를 제기할 수밖에 없는 상황인 것이다. 이에 지축지구 주민들도 함께 이용할 수 있는 곳으로 역사 위치를 변경해 달라는 요청을 한 것이고, 요청이 받아들여지지 않을 경우 사업비 분담이 불가하다는 의사를 밝히는 등 강력 대응을 예고했다.

문제는 경기도에서 불참하게 되면 신분당선은 광역철도에서 서울도시철도로 전환된다는 것이고, 이렇게 되면 서울시가 부담해야 할 예산이 10% 증가한다. 광역철도로 진행할 경우에는 정부와 서울시가 각각 50대 50, 정부와 경기도가 70대 30의 비율로 사업비를 부담하게 된다. 하지만 서울도시철도로 전환하게 되면 정부와 서울시는 40대 60으로 예산비율이 편성된다. 도시철도로 진행되면 총사업비 1조2,000여 억 원 중 1,200여 억 원의 예산이 서울시에 추가된다는 의미다.

그렇다면 서울시가 역사 위치 변경을 받아들일 경우에는 어떤 문제가 발생할까? 기존 위치에 승강장이 건설될 경우 은평뉴타운은 초역세권 단지가 되지만, 경기도의 요구대로 역사를 370m 가량 옮기게 되면 신분당선을 이용할 때 큰 도로를 횡단해야 한다. 당연히 기존 지역 주민들의 불만이 발생할 수밖에 없다. 따라서 신분당선 서북부연장은 이러한 갈등 상황을 어떻게 풀어가는지를 살펴보면서 관심을 가져야 할 것으로 생각된다.

서북권 포커스 ①
수색 · 증산

 수색 · 증산 지역은 서북부 최고의 입지를 자랑하는 곳이며 그 중심에는 수색 · 증산뉴타운이 자리 잡고 있다. 가장 큰 호재로 작용하고 있는 것은 상암DMC와 수색역세권 개발 사업이다.

 현재 수색역 인근에는 코레일 차량기지가 자리 잡고 있어 상암과 수색뉴타운 사이에 단절을 유발하고 있다. 특히 수색차량기지는 무궁화호와 새마을호가 정차하는 디젤열차 전용으로 사용되기 때문에 매연이 상당히 심각한 곳이다. 그래서 이런 기피시설 위에 상판을 덮어서 지하화 한 후 상부를 공원으로 조성하며, 역세권 개발을 통해 지역을 정비하는 사업을 계획하고 있다.

수색차량기지와 수색변전소

수색역세권 개발 계획이 완성되면 수색뉴타운은 단절이 사라져 양질의 일자리가 풍부한 상암DMC로 편리하게 왕래가 가능해진다. 또한 구릉지에 위치한 특징 덕분에 신축 아파트단지는 상암DMC를 남향으로 바라보는 최고의 입지가 될 것으로 기대된다.

현재 수색·증산 지역에서 상암으로 접근하려면 지하차도나 수색교 또는 사잇길을 통해서 이동할 수밖에 없기 때문에 상당히 불편하다. 하지만 차량기지에 상판을 덮고 공원을 조성하게 되면 단절이 사라지고 주거환경이 개선되므로 상당히 기대를 모으는 사업이다. 단기적으로는 지하차도와 수색교 구간을 확장하고, 장기적으로는 차량기지 전체의 상부구역을 조성하는 공사를 한다.

수색·증산 지역에는 하나의 악재가 더 남아있는데, 바로 수색변전소이다. 여

(사진출처 : 연합뉴스 제

러 개의 거대한 송전탑이 세워진 변전소는 현재 수색·증산뉴타운의 한 가운데에 위치해 있어 재개발이 모두 완료된 후 신축 아파트가 들어섰을 때 유해시설로 자리 잡을 가능성이 크다. 하지만 서울시는 이곳 변전소를 지중화하고 지상 부지를 개발하는 계획을 수립 중이다. 사업이 완료되면 주거 인프라 구축에 도움이 될 것으로 기대된다.

자율주행차의 메카로 거듭나려는 DMC

또한 상암 디지털미디어시티(DMC) 역시 일자리 증가, 상업시설 확충 계획이 진행되면서 스스로 한 단계 도약을 준비하고 있다. 첫 번째로 살펴봐야 할 곳은 상암역세권1단계로 진행되는 롯데쇼핑몰 개발 사업이다. I3·I4·I5 구역이 여기에 해당하는데, 이곳을 특별계획구역으로 지정하고 개발 사업을 준비 중이다. 현재는 인근 망원시장 상인들의 반대로 사업이 장기간 멈춰 있지만 합의가 완료되면 빠른 속도로 진행될 것이라 생각된다.

특히 DMC역의 경우 6호선과 인천공항철도, 경의중앙선이 운행 중이고 앞으로 원종-홍대선, 강북횡단선이 계획되어 있어 개통 시 5개 노선이 만나는 철도 교통의 접점 역할을 하게 된다. 또한 경기도와 서울시의 접경도시 12곳에 선정되어 이후 중앙버스전용차선과 S-BRT가 만나게 될 곳이기도 하다. 이런 이유 때문에 DMC역은 복합환승센터 후보지로 선정되어 있다.

DMC 내의 일자리도 계속 증가하고 있다. 기존에 입주를 완료한 MBC, YTN,

CJ ENM 등의 방송국 본사가 자리 잡으면서 협력업체가 함께 입주하고 있고, 양질의 일자리가 증가했다. 또한 LG유플러스, LG CNS, 삼성SDS 등 대기업 연구센터까지 자리 잡으면서 서북권을 대표하는 일자리 지역으로 각광받고 있다.

현재 집중적으로 진행하고 있는 분야는 자율주행자동차 연구이다. 국토교통부와 서울시가 협력하여 진행하는 세계 최초 5G 융합 자율주행 전용시험장이 상암에 만들어지고 있다. 흔히 자율주행자동차 분야에는 자동차기술 관련 연구소만 참여한다고 생각할 수 있지만, 핵심기술은 5G라는 통신 관련 기술이다. 이런 이유로 자동차뿐 아니라 통신기술 관련 업체까지 상암에 입점하고 있으며, 주관사역시 SK텔레콤이 선정되었다.

이렇게 조성된 전용시험장은 자율주행 테스트에 필요한 모든 장비와 시설을 24시간 무료로 이용할 수 있어 도로 테스트 기회가 적은 스타트업까지 입점을 할 것으로 생각된다. 따라서 상암의 일자리는 더욱 증가할 것이며, 역세권개발까지 함께 이뤄진다면 수색·증산 지역은 몇 단계 도약할 수 있는 기틀을 마련할 것으로 기대된다.

서북권 포커스 ②
불광-연신내

　은평구를 이끄는 곳은 수색·증산이지만 단기적으로 많은 변화가 기대되는 곳은 불광역-연신내역을 중심으로 한 통일로 라인이다. 불광-연신내 지역 역시 53 지구중심 중 두 지역이 묶인 곳에 해당한다. 지구단위계획으로 묶어 대규모 개발이 이루어질 수 있으므로 더욱 중요하게 봐야 한다고 했던 그곳이다.

　그중에서도 연신내역은 현재 운행 중인 3호선과 6호선 외에도 공사 중인 GTX-A 노선이 개통되면 트리플 역세권으로 거듭나며 서북권 교통의 중심지가 된다. 통일로에는 중앙버스전용차로가 운행되고 있기 때문에 일자리 지역인 서대문역과 서울역으로의 접근성이 편리한 곳이다. 이렇게 기존 교통 인프라에 획기적인 개선이 일어나고 강남권·강북권의 대표적 일자리 지역으로 접근성이 편리해질 예정이라서 연신내역은 많은 이들의 관심을 받고 있다.

통일로 라인

　연신내는 10~20대의 젊은 층이 주로 방문하는 상권으로, 불광역은 50대 이상 중장년층이 북한산 등산 후 방문하는 상권으로 형성되어 있다. 오랜 기간 탄탄한 상권으로 자리매김 해왔으나 그만큼 노후도가 심각해지고 있는 상황이지만 뛰어난 교통인프라가 공급되면서 역세권을 중심으로 점차 개선될 것으로 생각된다.

　또한 재개발 사업이 진행 중인 대조1구역, 갈현1구역, 불광5구역과 함께 미성아파트 재건축 사업이 진행되면서 이들 지역에 신축 아파트가 들어서게 되면 통일로 주변 인프라도 함께 개선되는 효과를 얻을 수 있다. 기존에 갖고 있는 뛰어난 자연 환경에 역세권 개발을 통한 주거 인프라 개선까지 이뤄지면 인근 주민들의 삶의 질은 더욱 향상될 것이다.

　연신내에서 통일로를 따라 북쪽으로 올라가면 구파발역으로 연결되고, 은평구의 대표적 주거지역인 은평뉴타운이 나온다. 통일로 라인을 살피려

면 이 지역도 함께 봐야 한다.

구파발역은 중앙버스차로와 수도권 S-BRT 노선(월릉역-구파발역)이 만나는 곳으로 서울시에서 발표한 관문도시 12곳 중 한 곳을 담당하고 있다. 구파발역 인근에는 대형쇼핑몰인 은평롯데몰이 있으며 2019년 개원한 808병상 규모의 가톨릭대학교 은평성모병원이 위치하고 있다. 서북권을 대표하는 상업시설과 병원이 있기 때문에 주거 인프라 또한 개선되고 있다. 이곳은 통일로와 연결되는 고양대로를 따라 삼송·원흥지구로의 접근이 가능하며 대표적 상업시설인 고양스타필드와 고양이케아로의 이동 역시 편리하다. 이처럼 구파발역 인근 지역은 과거의 모습과는 180도 달라진 모습으로 지속적 변신을 꾀할 것으로 생각된다.

서울혁신파크 개발 사업

이처럼 연신내-불광 지역은 과거의 낙후된 모습을 탈피하고 지속적으로 변신을 준비하고 있다. 중요한 변화의 바람이 불고 있는 곳이 바로 불광역 인근에 위치한 서울혁신파크 개발 사업이다. 이곳은 옛 질병관리본부가 있었던 자리로, 질병관리본부가 오송생명과학단지로 이전하면서 비어있게 된 곳이다. 앞서 서울시에는 대규모 개발이 가능한 부지가 부족하기 때문에 공공기관 등이 이전을 완료한 부지에 특히 관심을 가져야 한다고 언급했는데, 서울혁신파크 부지도 비슷한 맥락에서 살펴봐야 한다.

2020년 1월 서울시는 서울혁신센터 부지에 서울시립대 은평캠퍼스를 만들고,

서울연구원을 이전하겠다는 계획을 발표했다. 서울시립대의 제2캠퍼스가 될 은 평혁신캠퍼스는 2025년 초 준공을 목표로 진행되며 1만5,000㎡ 규모의 캠퍼스로 활용될 예정이다. 이곳은 특히 사회혁신 분야에 특화된 다양한 교육·연구 프로그램을 개발하고 운영한다.

현재 동대문에 위치한 서울시립대는 협소한 공간과 불편한 접근성 때문에 위상을 크게 떨치지 못하고 있지만, 이곳에 제2캠퍼스가 지어지면 이러한 약점을 보완하면서 동시에 서북권 전체의 취약한 대학교 인프라를 구축하는 데에도 도움을 줄 예정이다. 또한 서울시는 자체적으로 건립을 추진 중인 글로벌 사회혁신 오픈캠퍼스를 서울혁신파크에 만들겠다고 발표했다. 사회문제 해결을 위해 활동하

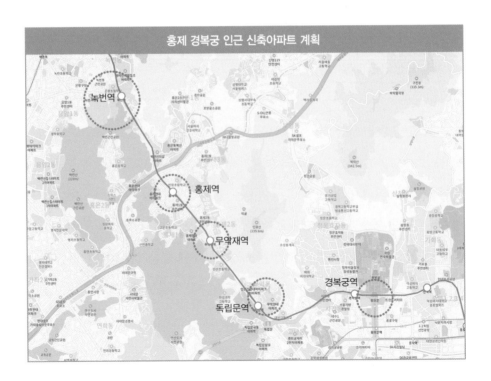

는 전문가를 양성하고, 이들이 교류하는 글로벌 혁신인재 양성소를 만든다는 것이다.

서울시는 2019년 8월 지역균형발전 계획 중 하나로 '서울시 소속 공공기관 이전'을 발표한 바 있는데, 이때 언급된 서울연구원이 서울혁신파크에 이전하는 것으로 확정되었다. 300여 명의 상주인구 및 직원을 수용하는 규모로, 기존 서울혁신파크 내에 위치했던 미래청 및 청년청 등의 입주시설과 연계해 시너지를 낸다는 목표다. 이 경우 홍제에 위치한 서울간호대학교와 연계하여 캠퍼스타운 사업을 추진하는 것 역시 기대해볼 만하며, 이는 서북권에 부족한 일자리와 인프라에 보탬이 될 것으로 기대된다.

이처럼 연신내–불광에서 통일로 라인을 따라 원흥–삼송–구파발까지 연결되는 개발축은 다시 남쪽으로 내려와 무악재를 거쳐 도심권에 해당하는 경복궁까지 한 번에 연결된다. 이곳에 입주를 기다리고 있는 신축 아파트단지들이 모두 자리 잡으면 낙후되었던 주거환경이 개선될 뿐 아니라 서울 중심부 접근성까지 뛰어나기 때문에 많은 관심이 집중되는 곳으로 거듭나게 될 것이다.

도심권 살펴보기

서울의 5개 권역 중에서 도심권은 다른 4개 권역과는 완전히 차별된 관점에서 접근해야 한다. 특히 4대문 안쪽과 바깥쪽을 구분해서 살펴야 하는데, 4대문 밖 도심권은 고차원의 업무 및 상업 중심지로서의 기능을 강화하면서 도시재생을 추진하는 것이 중심 계획이다.

서울역과 용산역을 연계하여 국제중심기능을 강화하고 신안산선 2단계의 서울역 연장 및 신분당선 삼송연장을 추진하는 계획이 수립되어 있다. 또한 새문안로 1.2㎞구간 개통을 마지막으로 종로에 중앙버스전용차로가 완성되면서 서울시 중앙버스전용차로의 1차 계획이 마무리되고 있다. 중앙버스전용차로는 경기 외곽지역의 S-BRT와 연결되면서 교통체계의 혁신으로 자리 잡을 것이라 설명한 바 있다.

이렇게 서울 중심부로의 접근성이 개선되면서 도심권의 개발방향은 급선회하게 된다. 바로 전통 보전을 통한 관광 인프라 산업의 활성화가 목표이다. 우리나라는 세계적인 제조업 강국이지만, IMF 외환위기 이후 기업의 매출은 상승하는 반면 일자리는 부족해지는 현상이 이어지고 있다. 공장의 해외 이전 및 자동화로 인해 제조업으로는 더 이상의 일자리 창출이 어려워진 것이다. 이런 상황에서 주요 선진국들의 먹거리가 무엇인지를 분석한 결과 얻은 결론은 바로 관광 인프라 사업이다.

프랑스 파리, 영국 런던, 오스트리아 빈 등 우리보다 먼저 산업구조의 변화를 겪은 주요 선진국들은 경제에서 관광산업이 차지하는 비중이 크다. 관광 산업은 한 번 활성화되면 숙박, 공연, 쇼핑 등 부수적인 산업으로의 연계 및 확장성이 뛰어나다. 또한 면대면 서비스를 제공하기 때문에 자동화가 어려워 제조업과 달리 활성화 될수록 고용 유발 효과가 커진다. 서울뿐만 아니라 인천, 대구, 울산, 부산 등 주요 대도시들이 새로운 먹거리로 관광 인프라 활성화에 사활을 거는 데에는 이런 이유가 있다.

관광 인프라의 핵심 '걷고 싶은 거리'

서울시는 이런 변화에 맞춰 한 걸음씩 나아가고 있는데, 핵심은 '걷고 싶은 거리' 조성을 통한 유동인구 증가이다. 그 시범사업 성격으로 진행된 것이 바로 경의선 숲길이다.

경의선숲길은 지상철이었던 경의선이 지하화 되면서 마포구 가좌역부터 용산구 효창공원앞역까지 6.3㎞의 폐철길 부지를 공원으로 변화시킨 사업이다. 그동안 사람들이 접근을 꺼렸던 철길을 공원화함으로써 사람들이 몰려들었고 새로운 상권이 형성되었다.

특히 낙후된 이미지가 강했던 연남동 구간의 경우는 '연트럴파크'라는 별칭이 생길 정도로 많은 이들의 사랑을 받고 있다. 이렇게 사람들이 모여들면서 카페, 상점, 음식점들이 입점하게 되고 인근에 숙박업소까지 자리 잡게 되면서 고용인구가 증가하게 되는 것이다. 서울시는 경의선숲길에서의 성공 경험을 바탕으로,

경의선숲길과 연트럴파크

도심권 보전을 테마로 한 관광 인프라 사업 활성화라는 방향으로 개발을 진행하고 있다.

서울역세권 개발 사업과 서울로7017

관광 인프라 산업이 활성화되려면 일단 다른 지역에서, 그리고 공항이나 항구 등에서 해당 관광지까지 편리하게 접근할 수 있는 교통 체계 구축이 필수적이다. 서울에서 이러한 교통의 중심지, 즉 복합환승센터 역할을 담당하는 대표적인 곳은 바로 서울역이다. 서울역은 서울시민들뿐만 아니라 각 지역에서 서울로 올라오는 사람들, 그리고 인천국제공항 및 김포공항, 인천여객터미널에서 서울로 접근하는 외국인들에게도 관문도시 역할을 하고 있다.

하지만 서울역에서 마주하게 되는 첫인상은 전통 있는 도시이자 경제력 있는 국가의 수도라는 이미지와는 거리가 먼 것이 현실이다. 게다가 현재 운행 중인 1호선과 4호선, 공항철도, 경의중앙선 등의 환승 동선이 길고 불편할 뿐 아니라 버스환승센터까지도 거리가 상당하다. 이런 문제를 해결하기 위해 서울역을 대표적인 복합환승센터로 만들기 위한 서울역세권 개발 마스터플랜이 수립되어 하나씩 진행되고 있다.

서울시 관광 인프라 사업의 거점으로 자리 잡을 서울역은 기존 1호선, 4호선, 인천공항철도, 경의중앙선에 더해 GTX-A노선과 B노선, 신분당선 서북부연장, 신안산선 2단계 연장 계획이 진행 중이다. 또한 지상에는 버스환승센터가 운영되고 있다. 신규노선이 완성되면 기존 노선과의 환승 동선이 수평이 아닌 수직으로 구성되어 에스컬레이터나 엘리베이터 등을 이용해 금방 환승이 가능하도록 만들어지면서 접근성이 개선될 것으로 예상된다.

또한 서울북부역 개발의 신규사업자 공모는 치열한 경쟁 끝에 한화컨소시엄에 낙찰되었다. 호텔, 오피스, 오피스텔 등 상업 · 업무시설을 조성하는 사업으로 이후 서울남부역 및 중부역 개발까지진행되면 서울역은 주거 · 업무 · 상업시설이 한곳에 모인 복합환승센터로 위상을 떨칠 것으로 생각된다.

서울역 관광 인프라 사업의 핵심은 2017년 5월 개장한 '서울로7017'이다. 마포 · 서대문에서 서울역을 지나 남대문시장까지 접근할 수 있는 고가차로를 인도로 바꿔 조성한 도보 전용 거리로, 조성 당시에는 많은 사람들의 비판을 받았다. 하지만 이런 비판 속에서도 서울시가 일관성 있게 사업을 진행했던 이유는 이곳을 관광 인프라 사업 활성화의 거점으로 만들겠다는 목표 때문이다.

기존의 서울역 인근은 서울역을 중심으로 동과 서가 단절되어 있었는데, 서울로7017의 개통을 통해 두 지역이 도보로 이동할 수 있게 되었다. 이와 함께 경의선숲길과 비슷하게 걷고 싶은 거리를 조성한다는 계획을 진행 중이다.

이렇게 도보 중심의 동선을 만드는 사업에서 중요한 것이 하나 더 있다. 바로 쉬었다 갈 수 있는 거점을 개발하는 것이다. 한참 걷다가 식사나 디저트를 즐기면서 인근 지역의 문화를 체험하며 쉴 수 있는 시설이 필수적이다. 하지만 이런 공간을 인공적으로 조성하는 것은 별로 매력적이지 못하다. 사람들은 세월의 흔적과 그 안에 담긴 이야기를 소비하는 것을 좋아한다. 다시 말해 스토리텔링이 필요한 시점이다.

2019년 11월 서울시는 서울역 일대 서계동, 중림동, 회현동 곳곳에 도시재생 핫플레이스 앵커시설 8개소를 개관한다는 보도자료를 배포했다. 전시·판매·문화 활동을 위한 복합공간 '중림창고', 청파언덕의 상징인 은행나무가 있는 문화예술공간 '은행나무집', 서울역을 한눈에 조망할 수 있는 마을카페 '청파언덕집', 공유부엌 및 공유서가가 있는 '감나무집', 봉제패션산업 활성화를 위한 거점공간인 '코워킹팩토리', 주민 바리스타들이 선사하는 스페셜티 마을카페 '계단집', 목조구조가 눈에 띄는 도시형 마을회관 '회현사랑채', 쿠킹스튜디오 겸 음식 관련 교육·체험 공간인 '검벽돌집'이 여기에 속한다. 이 시설은 모두 서울시가 건물을 매입하고 리모델링하여 다양한 분야의 전문가들과 함께 전시·판매·문화 활동을 할 수

있는 공간으로 만듦으로써 걷다 가 쉴 곳을 찾는 관광객들이 자연스럽게 찾아올 수 있도록 만든 거점공간이다.

또한 서울역 서쪽에 위치한 서소문근린공원을 리모델링하여 서소문역사공원으로 재개장하였다. 이 일대는 조선시대 서소문 밖 저자거리였던 곳인데 17세기부터는 칠패시장과 서소문시장 등 상업 중심지로 활용되다가 조선후기에는 종교인과 개혁사상가 등이 처형되었던 처형장으로 쓰였고, 일제강점기에는 수산청과 시장으로 사용되었던 곳이다.

이렇게 삶과 죽음이 공존했던 역사적 장소였음에도 그동안 의미를 제대로 살리지 못한 채 단순한 근린공원으로 사용되어 왔는데, 역사적 의미를 담은 스토리텔링과 리모델링을 통해 관광 거점으로서의 역할을 할 것으로 기대된다. 서울로 7017과 거리상으로도 가까울 뿐 아니라 역사공원, 편의시설, 박물관, 하늘광장, 주차장 등을 갖추게 되어 복합문화공간으로의 활용 가치가 충분하다. 특히 2018년 9월 로마교황청이 아시아 최초로 선포한 천주교 서울순례길의 순례지 중 하나로 바로 이곳 서소문역사공원이 포함되면서 더더욱 관광객의 호기심을 불러일으킬 것으로 생각된다.

역사를 이야기로 활용하는 관광 거점 조성 사업

서울시는 또한 도심권 관광 거점 곳곳에 근현대사를 중심으로 한 스토리텔링 작업을 진행하고 있다. 삼국시대 이후 명실상부한 한반도의 중심이자 조선왕조

500년의 역사, 그리고 격랑의 근현대사를 오롯이 겪어온 수도 서울의 이야기를 활용하여, 4대문 안쪽의 역사적 장소를 중심으로 이야기를 입혀 관광객들을 끌어들인다는 전략이다.

첫 번째로 진행되는 곳은 경술국치길이다. 100여 년 전 한일병탄조약의 아픔이 서린 남산 예장자락에 약 1.7㎞에 이르는 경술국치길을 조성했다. 한일병탄조약이 체결된 한국통감관저터에서 시작해 김익상 의사가 폭탄을 던진 조선총독부터, 메이지시대 군인인 노기를 모셨던 노기신사터, 청일전쟁에서 승전한 뒤 일제가 세운 갑오역기념비, 일본거류민단이 세웠던 경성신사터를 거쳐 조선에 세운 가장 높은 등급의 신사였던 조선신궁터로 연결된다. 민족의 아픈 역사 이야기를 체험하는 다크 투어리즘(Dark Tourism) 형태의 관광 인프라 개발 전략이다.

또한 4대문을 연결하는 한양도성 순성길 재생사업도 진행 중이다. 한양도성 순성길은 조선시대 성곽을 따라 걸으며 도성 안팎의 풍경을 감상하던 '순성놀이'에서 유래된 것으로, 총 6개 구간 25.7㎞의 길로 이루어져 있다. 백악구간(창의문~혜화문 4.7㎞), 낙산구간(혜화문~흥인지문 2.1㎞), 흥인지문구간(흥인지문~장충체육관 2.1㎞), 남산(목멱산)구간(장충체육관~백범광장 4.2㎞), 숭례문구간(백범광장~돈의문터 1.8㎞), 인왕산구간(돈의문터~창의문 4.0㎞)으로 나뉜다.

이중에서 서울시는 일제 강점기의 만행으로 훼손이 심각한 숭례문구간 중 정동지역을 2019년 복원하였고, 이후 한양도성 해설사 투어 프로그램과 연계해 운영하려고 한다. 제주도 관광산업을 활성화시킨 올레길처럼 도심권 걷고 싶은 거리 사업은 관광인프라 산업 활성화에 큰 도움이 될 것으로 예상된다.

이처럼 서울시는 4대문을 기준으로 역사를 복원하여 국내·외 관광객들이 모여드는 관광 거점으로서 도심권을 활성화한다는 전략을 세웠다. 그 중심에는 서울로7017이 핵심역할을 하고 있는데, 여기에서 뻗어 나온 골목길 재생사업도 함께 진행되고 있다. 첫 번째로 연결되는 곳은 남산둘레길이다. 서울 중심부의 상징인 남산(목멱산)을 거닐거나 케이블카로 정상에 접근할 수 있으며 인근 지역의 소비와 연결되도록 만드는 구조이다.

이와 함께 주목할 만한 대규모 재생사업이 있는데 바로 세운상가 개발 사업이다. 70~80년대까지만 해도 거래가 활발했던 전자제품 시장의 메카였지만 용산전자상가 개발, 인터넷상거래 증가, 시설 노후화 등으로 쇠퇴의 길을 걸었던 곳이다. 이곳을 '다시세운상가'라는 이름으로 리모델링하고, 남산둘레길과 연결하는

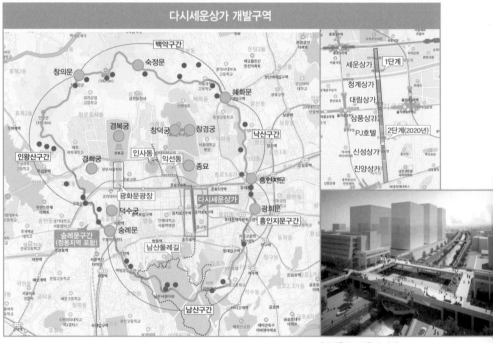

(사진출처 : 서울시 제공)

재생사업이 현재 진행중이다. 정면에는 다시세운상가 광장을 조성하며, 공중보행길을 조성하여 차도로 인한 단절을 해결하였다. 또한 주변지역과 연결되는 데크를 설치하여 인근 지역으로의 접근을 쉽게 만들었다.

현재 1단계 사업이 완료되었으며, 2단계 사업까지 완료되면 남산둘레길을 시작으로 다시세운상가, 그리고 종묘로 연결되는 관광 인프라 거점이 조성된다. 이와 함께 세운상가 인근에 위치한 세운특별계획구역 일대의 도심 전통산업과 오래된 가게의 보존을 추진하겠다는 계획도 발표되었다. 다시세운상가와 연결하여 보존을 테마로 진행하는 관광 인프라 사업을 활성화 하겠다는 전략이다.

서울시는 한옥 보전에도 큰 관심을 보이고 있다. 우리가 해외에 나가면 해당 국가의 전통가옥을 보고 싶어 하는 것처럼 외국인 관광객들도 한옥에 큰 매력을 느낀다. 이런 점에 착안하여 서울시는 한옥 밀집지역 보존에 더욱 힘을 쓰고 있다.

대표적인 곳이 최근 핫플레이스로 떠오른 익선동이다. 한때 익선동 지역에는 14층 높이의 주상복합단지를 건설하여 종묘·창덕궁 조망이 가능한 관광호텔과 오피스텔, 상업시설을 입점시키려는 계획이 세워져 있었다. 하지만 서울시는 '익선지구단위계획구역 및 계획 결정(안)'을 수립하면서 5층 이상(20m) 건물의 신축을 제한하였고, 대규모 상업시설과 프렌차이즈 업체의 입점을 원천봉쇄하였다.

현재 익선동은 100여 채의 한옥이 각자 특색 있는 음식점, 카페, 상점 등으로 변신하여 수많은 관광객들이 모여드는 핫 플레이스가 되었다. 이렇게 상권이 형성되자 건물주들은 더욱 재개발 사업에 반대하게 되었고, 한옥 보존을 위한 원동력도 자연스럽게 확보되었다. 비슷한 맥락에서, 서울시 내 대규모 한옥이 모여 있는 지역의 개발 사업은 당분간 긴 호흡으로 접근할 필요성이 있다고 생각된다.

서울로7017을 기점으로 진행되는 골목길 재생사업이 서서히 경쟁력을 보여주자 서울시는 2차 골목길 재생사업을 발표하게 된다. 2018년 서울로7017에서 서계동, 중림동, 회현동, 후암동, 서소문동 등으로 연결되는 보행길 7개를 새롭게 조성하겠다는 계획을 발표했다. 새롭게 조성될 7개의 보행길은 서울로7017을 축으로 도시재생사업이 진행되는 곳과 골목길재생사업 예정지 인근에 만들어질 계획이다.

광화문광장 개선 사업

그리고 수많은 골목길들이 모이는 거점을 개발한다는 계획도 발표했는데 바로 광화문광장 개선 사업이다. 2019년 서울시는 광화문광장 개선사업을 통해 세종문화회관 앞 차로를 광장으로 편입하여 규모를 3.7배로 확장하고, 세 곳으로 단절돼 있던 지하공간을 하나로 통합한다는 계획을 발표했다.

지상과 지하 광장은 성큰(Sunken)공간으로 연결, 서울 도심의 역사 · 문화 · 경관의 핵심인 경복궁과 북악산구간으로 이어진다. 또한 광화문광장의 단절을 해결하여 북악산에서 한강으로 이어지는 역사경관축을 회복한다는 계획이다. 이렇게 하나로 모여든 골목길은 서울역으로 연결되며, 최종적으로 서울로7017과 연결되어 완성될 계획이다.

골목길 재생사업과 함께 서울시가 지원하는 사업이 하나 더 있다. 광화문에서 이어지는 종로의 차로를 줄이고 인도를 확장한다는 계획을 2019년 10월 발표했다. 시청삼거리에서 동대문역사문화공원으로 이어지는 을지로 2.5㎞ 구간은 6차로에서 4차로로, 서울역에서 광화문역까지 이어지는 세종대로 1.5㎞ 구간은 10~12차로에서 6~8차로로 축소한다. 일방통행으로 운영 중인 충무로(1.0㎞), 창경궁로(0.9㎞)도 1개 차로를 축소한다. 해당 도로의 제한속도를 10㎞ 낮추면서 도보로 이동하기 편리한 환경을 조성하고자 한다. 이처럼 도심권의 개발은 보존을 컨셉으로 한 관광 인프라 사업 중심으로 진행되는 중이다.

따라서 조심해야 할 점은 도심권에 예정된 대규모 개발 사업이다. 전면 백지화 또는 큰 폭의 수정을 감수함으로써 사업성이 낮아지게 될 수도 있다. 반면 도심권에 이미 입주한 대규모 주거단지의 경우는 앞으로 희소성이라는 장점을 장착하게 될 것으로 생각된다. 따라서 도심권의 투자는 철저하게 장점을 흡수하고 리스크를 회피하는 전략을 바탕으로 접근할 필요가 있다.

인천시의 개발 계획

—

인천시에는 오랜 고민거리가 있다. 송도, 청라, 검단, 영종도를 제외한 기존 도심 지역의 노후도가 심각해지는 상황에서, 제조업의 쇠퇴로 인구가 지속적으로 감소한다는 점이다. 그 중심에는 경인고속도로가 자리 잡고 있다.

1960년대에 만들어진 경인고속도로는 인천항에서 시작하여 인천시를 관통하고 제물포로(현 국회대로)와 연결되는 노선으로, 인천과 서울을 오가는 물류수송의 핵심 노선 역할을 해왔다. 외곽순환도로가 개통된 후에는 수도권 주요지역으로까지 연결되면서 경인고속도로의 교통량은 더욱 늘어나게 된다. 그만큼 대형화물차, 컨테이너차량 등 소음과 분진을 유발하는 차량의 이동도 빈번하다.

1960년대만 해도 경인고속도로 인근은 허허벌판이었다. 하지만 도시가 확장되면

경인고속도로 노선도

서 어느새 도로 인근까지 주거지역이 형성되었고, 심각한 소음과 분진을 막기 위한 대규모 방음벽이 설치되었다. 이로 인해 인천은 경인고속도로를 사이에 두고 동과 서로 양분되었을 뿐 아니라, 접근이 쉽지 않은 방음벽 인근은 점차 노후도가 심각해졌다. 이렇게 긴 구간의 단절을 유발하는 경인고속도로 문제를 해결하지 않는다면 인천의 새로운 모습을 기대하기는 쉽지 않을 것이다.

이 문제를 해결하기 위해 인천시가 꺼내든 카드는 일반화 및 지하화로, 오랜 시간 동안 이를 실현하기 위해 모든 역량을 발휘해왔다. 하지만 일반화 및 지하화 사업을 위해서는 선결조건이 있는데, 바로 지자체의 예산 사정이다. 경인고속도로가 일반화되면 해당 도로는 더 이상 국토부 소속이 아닌 인천시 소속이 된다. 그때부터 도로의 유지보수 비용은 모두 지자체 예산으로 해결해야 하는데, 2013년까지 인천시의 예산 사정은 그다지 좋지 않았다.

■ 7호선 청라 연장사업

이런 이유로 인천시는 7호선 청라 연장에 모든 역량을 쏟아 부었고, 2018년 12월 드디어 삼수 끝에 예비타당성 조사를 통과했다. 이후 루원시티에서 미매각 상태로 남아있던 부지를 매각하고, 청라의 랜드마크로 자리잡게 될 시티타워가 착공했으며, 청라스타필드 및 의료복합단지 조성 그리고 청라하나금융타운 3단계 조성 사업 확정으로 인해 세수 확보가 가능해졌다. 드디어 경인고속도로를 개발할 수 있는 원동력을 획득한 것이다.

이에 따라 사업은 급물살을 타고 있다. 경인고속도로는 현재 일반화 구간(인천항~서인천)과 지하화 구간(서인천~신월)으로 나눠서 사업이 진행되고 있으며, 우선 진행되는 사업은 일반화 구간이다. 해당 구간은 이미 2017년 인천시로 이관되어 현재는 '인천대로'로 명칭이 변경되었다.

인천대로 개발의 핵심은 방음벽과 옹벽을 철거하고 중앙에 공원을 조성하며, 횡단보도와 신호등을 설치함으로써 지역 양쪽의 단절을 해소하는 것이다. 간단해 보이지만 사실은 복잡한 필요조건이 있다. 일반도로로 바뀌면서 인천대로에는 몇 가지 제한이 생겼는데, 핵심은 2.5톤 이상 트럭을 일반화 구간에 진입 금지시키는 것이다. 생각해 보자. 인천항에서 출발하는 수많은 트럭과 트레일러의 진입을 막으면 물류수송에 막대한 차질이 생길 수밖에 없다.

이런 이유로 대체도로의 확보가 가장 시급한 문제였는데, 그 역할을 제2외곽순환도로 김포·인천구간이 담당하게 되었다. 2017년 개통 당시 보도자료에는 "인천항과 배후 물류단지 및 인근 산업단지를 오고 가는 물동량의 효율적인 처리로 연간 2,150억 원의 물류비 절감 효과도 기대된다"라는 문구가 언급되어 있다. 또

한 경인고속도로 지하화 구간과 연결되는 청라진입도로 역시 본선 4차로, 측도 6~8차로 등 총 10~12차로의 대규모 도로로 개통되었다. 이로 인해 화물차 진입도 큰 무리가 없게 되었다. 이처럼 10여 년 전에는 무산될 뻔한 사업이 현재 급물살을 타고 있는 이유는 화물차 이동을 위한 대체도로 개통이 크게 작용했다.

■ 일반화 구간 공원화 사업

이렇게 장애물이 하나씩 해결되고 있는 지금 인천시는 인천대로 개발 사업에 더욱 집중하고 있다. 방음벽과 옹벽을 철거하고 대형화물차의 진입을 막으면 인천대로는 지역 단절을 유발하는 유해시설에서 벗어나게 된다. 여기에 인천대로의 중앙 부분을 공원화하려고 계획 중이다. 10개 차선 중 중앙 4개 차선에 공원을 조성

할 계획인데, 줄어드는 차선 4개는 방음벽과 주거지역 사이에 방치된 도로를 편입함으로써 10개 차선을 유지한다. 도심지 도로 중앙에 조성된 부산의 송상현광장과 비슷한 형태가 될 것으로 보이는데, 부족한 부분으로 지적된 그늘 시설과 콘텐츠를 개선하여 인천대로에 적용할 예정이다.

이렇게 준비를 마친 인천시는 2019년 11월 인천대로(경인고속도로 일반화) 주변 지구단위계획 수립 관련 공고를 진행하게 된다. 구체적인 내용은 다음과 같다.

인천대로변 지구단위계획

	위치	규모(㎡)	컨셉	
			기본계획	지구단위계획
①	용현 지구단위계획 구역 (용현동 623-13 일원)	50,347	Memory Bank	역사문화공간
②	용현1 지구단위계획 구역 (용현동 170-1 일원)	29,064	청춘 Restart-up!	가로커뮤니티
③	수봉2 지구단위계획 구역 (용현동, 도화동, 주안동 일원)	153,187	Green Ring & Family Road	가족여가 공간
④	도화2 지구단위계획 구역 (도화동 546-21 일원)	40,585	Active Square	단절된 공간의 회복
⑤	가좌1 지구단위계획 구역 (가좌동 567 일원)	123,076 (특계: 123,076)	Restart-up Park	융복합 중심거점
⑥	가좌역 주변 지구단위계획 구역 (가좌동 217번지 일원)	191,900 (특계: 7,550)	Restart-up Park	상생하는 산업공간
⑦	서부여성회관역 주변 지구단위 계획 구역(가좌동, 석남동 일원)	194,874 (특계: 10,390)	Harmony Ville	뷰티 & 패션
⑧	석남역 주변 지구단위계획 구역 (석남동 495-8 일원)	214,235 (특계: 12,272)	Multi-complex	업무상업 복합공간
⑨	가정중앙시장역 주변 지구단위 계획 구역(가정동 510-11 일원)	138,590 (특계: 41,293)	Amenity Town	지역화합의 거리
	합계	1,135,968		

○ **용도지역 변경**

– 서부여성회관역 주변(17만7,174㎡) : 제1종일반주거지역 → 제2종일반주거
  지역

– 석남역 주변(10만7,072㎡) : 제1종일반주거지역 → 제2종일반주거지역

– 가정중앙시장역 주변(7만4,810㎡) : 제1종일반주거지역 → 제2종일반주거
  지역

○ **기반시설 변경 및 신설**

– 도화2구역 : 소로 1~7호선 연장 변경(폭원 10~13m, 연장 210m → 324m), 완
  충녹지 1,117.9㎡ 신설

– 서부여성회관역 주변 : 소로 2개 신설(폭원 10m, 연장 438m / 폭원 8m, 연장
  538m)

○ **가구·획지계획: 최대 개발규모 설정**

– 제2종일반주거지역 1,000㎡ / 준주거지역 1,500㎡ / 일반상업지역 2,000㎡

– 제3종일반주거지역, 준공지역은 제한 없음

■ **노후산단 재생 사업**

또 하나 살펴봐야 할 곳은 낙후되어 있는 1차 제조업 산업단지이다. 경인고속도
로 바로 옆에 위치한 주안산단과 인천기계산단은 인천항에서 원자재를 가져와
가공한 후 경인고속도로를 이용하여 납품을 하는 곳이다. 하지만 일반화 사업이
진행되면 2.5톤 이상 트럭들의 진입이 제한되기 때문에 영업에 불편을 받을 수밖
에 없다. 이런 이유로 인근 산업단지들은 사업구조 및 시설을 바꾸며 재생사업을
진행할 수밖에 없는 상황에 직면하게 될 것으로 생각된다.

이처럼 인천시는 노후된 이미지를 탈피하기 위해 피나는 노력을 하고 있다. 그리고 여기에 발맞춰 국토부에서는 인천대로를 S·BRT시범사업 노선으로 지정했다. 방음벽이 사라지고 공원이 조성되며 교통이 편리해질 인천대로 주변에는 엄청난 변화의 바람이 불어올 것으로 기대된다.

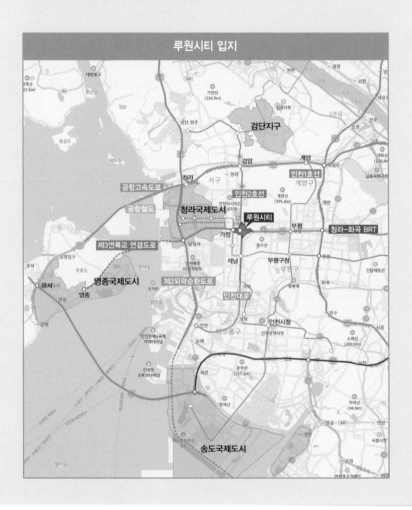

루원시티 입지

▪ 루원시티

이처럼 경인고속도로 개발 사업을 통해 입지가 놀랍게 업그레이드될 곳이 있는 데 바로 루원시티이다. 청라, 검단, 송도, 영종도로 진입하기 위한 인천의 관문도시 역할을 하게 될 루원시티는 7호선 청라 연장 확정과 함께 인천2호선, 서울7호선의 더블역세권이라는 교통 호재까지 있는 곳이다. 수많은 광역버스와 철도의 접점으로서 복합환승센터의 역할을 담당할 곳으로 예상된다.

특히 S·BRT 시범사업 중 두 개 노선이 루원시티를 거치게 될 예정이다. 첫 번째는 기존에 운행하고 있는 청라·강서BRT의 개선 노선, 그리고 두 번째는 경인고속도로를 이용한 노선이다. 이렇게 되면 루원시티는 마곡 및 여의도와의 접근성이 큰 폭으로 개선되면서 더욱 많은 이들의 관심을 받게 될 것이다.

이와 함께 인천국제공항과 바로 연결되는 제3연륙교 사업도 설계를 마무리하고 있다. 개통 시 영종도로 이어지는 가장 짧은 다리로 영종대교나 인천대교에서는 불가능했던 도보 및 자전거 접근이 가능하다. 그만큼 많은 사람들이 이용하게 될 것이며, 청라 진입도로를 통해 루원시티로 한 번에 접근할 수 있기 때문에 관문도시로서 루원시티의 입지는 더욱 공고해질 전망이다.

요컨대 경인고속도로 일반화 사업은 인근 노후지역을 개발할 수 있도록 만드는 원동력을 제공할 뿐만 아니라 그 자체로 교통 편의성을 높여주기 때문에 인천의 발전을 촉진하는 촉매제 역할을 할 것으로 기대된다.

즐기다 보면 돈이 따라오는
투자 공부의 신비

전작『교통망도 모르면서 부동산 투자를 한다고?』를 출간한 지 벌써 2년의 시간이 흘렀다. 책을 읽은 사람들은 어떻게 그 많은 자료들을 다 읽고 분석하느냐고 궁금해 한다. 나의 대답은 한결같다.

"하나씩 정보를 맞춰가는 퍼즐이 너무 재밌습니다."

지지자 불여호지자, 호지자 불여락지자

知之者 不如好之者, 好之者 不如樂之者

『논어』'옹야(雍也)편'에 나오는 이 문구는 '알기만 하는 사람은 좋아하는 사람만 못하고, 좋아하는 사람은 즐기는 사람보다 못하다'는 뜻이다. 1만 피스의 퍼즐을 처음 시작할 때는 막막한 기분이 들지만 하나씩 제 자리를 맞춰가다 보면 재미가

느껴진다. 가장 재미있을 때는 전체가 다 완성되었을 때가 아니라 이삼천 조각 정도 맞췄을 때다. 슬슬 그림의 모습이 드러나면서 전체 모습을 상상할 수 있다.

공공문서를 살펴보는 것도 마찬가지다. 처음에는 어떤 것부터 읽어야 할지 막막하지만, 데이터가 점점 쌓이다 보면 이 사업과 저 사업의 연결성이 보이고, 나아가 어떤 지역이 어떻게 변화할지를 예상할 수 있다. 그 예상이 실제로 들어맞았을 때의 기쁨은 상상한 것 이상이다.

오로지 돈을 벌겠다는 생각만으로 공공문서를 읽기 시작했다면 이렇게 오랫동안 꾸준히 분석을 할 수 있었을까? 아마 중간에 그만뒀을 것 같다. 마치 탐정이 된 것처럼, 단편적인 정보를 짜 맞추며 분석하는 것을 즐기는 스스로를 보며 어느 순간 놀랍기도 하고 신기하도 하다. 바쁜 시간을 쪼개 가며 꾸준히 개발계획을 분석할 수 있는 비결도 결국 이런 즐거움인 것 같다.

한 번 쌓인 데이터는 쉽게 사라지지 않는다. 그리고 그 정보는 나중에 나올 다른 정보와 연결되어 다시 새로운 정보를 만들어낸다. 그러므로 처음에는 좀 고생스럽더라도 독자 여러분들도 꾸준히 그리고 즐기면서 분석을 해 보시라고 꼭 말씀드리고 싶다.

마지막으로 지면을 통해 감사를 전하고 싶은 사람들이 있다. 먼저 부동산 투자 세계에 입문한 초보 시절부터 지금까지 함께한 푸른솔 님이다. 뙤약볕 밑에서 정신없이 임장하다가 화상을 입을 뻔하면서도 의지 하나로 함께 버텨준 소중한 동료이다.

강의를 시작했던 초반부터 함께 해준 우보천리 님께도 감사드린다. 첫 만남은 조금 딱딱하고 어색했지만 지금은 함께 임장하고 의견을 조율하면서 서로의 부족한 부분을 채워주는 소중한 친구이자 파트너이다.

어려울 때 항상 조언을 아끼지 않는 뉴스 님, 토지사랑 님을 비롯해서 모든 밴드 운영진 여러분께도 깊은 감사 인사를 전하고 싶다.

마지막으로 옆에서 항상 응원해주는 가족에게 고맙다는 말을 하고 싶다. 지쳐 있을 때면 항상 밝은 미소로 힐링을 선사하는 첫째 예진이 그리고 귀염둥이 둘째 지성이에게 아빠가 정말 사랑한다고 전하고 싶다. 그리고 항상 옆에서 든든하게 응원해주는 나의 아내 김상화에게도 고맙다는 말, 평생 행복하게 해주겠다는 말을 전하고 싶다.